주 민 자 치

정답이 없다
베밀이 없다
공짜는 없다

주 민 자 치
정답이 없다
비밀이 없다
공짜는 없다

초판 1쇄 발행 2022년 2월 1일

지 은 이	강광민 · 안광현 · 조숭자
발 행 인	권선복
편 집	오동희
디 자 인	김소영
전 자 책	오지영
마 케 팅	권보송
발 행 처	도서출판 행복에너지
출판등록	제315-2011-000035호
주 소	(157-010) 서울특별시 강서구 화곡로 232
전 화	0505-613-6133
팩 스	0303-0799-1560
홈페이지	www.happybook.or.kr
이 메 일	ksbdata@daum.net

값 22,000원

ISBN 979-11-5602-958-8 (03330)

도서출판 행복에너지는 독자 여러분의 아이디어와 원고 투고를 기다립니다. 책으로 만들기를 원하는 콘텐츠가 있으신 분은 이메일이나 홈페이지를 통해 간단한 기획서와 기획의도, 연락처 등을 보내주십시오. 행복에너지의 문은 언제나 활짝 열려 있습니다.

풀뿌리 민주주의의 꽃 주민자치!

주 민 자 치
정답이 없다
비밀이 없다
공짜는 없다

강광민·안광현·조승자 지음

도서
출판 **행복에너지**

프롤로그

이 책을 주민자치에 실질적인 도움이 되길 바라는 마음으로 썼다. 나는 전국 최연소 주민자치위원장과 주민자치 지역협의회장을 역임했다. 주민자치활동 중 다양한 사업을 추진하면서 큰 성과를 이끌어 내어 KBS, MBC, YTN, CMB 등 여러 방송사에 다양하게 소개되었고, 창의성이 높다는 평가를 받았다. 이러한 결과들이 모여서 제1회 대한민국 주민자치 대상 시상식에서 개인부분 주민자치 대상을 수상하였다.

또한, 베스트셀러 『비행기(비전을 가지고 행동으로 옮기면 기적이 일어난다)』의 작가이고, 스타강사이며, 특히 주민자치 분야에 있어 독보적인 강의를 하고 있다. 주민자치박람회, 대한민국 국회, 서울시청 등 전국 지자체에서 많은 강연을 했다. 본인의 경험을 바탕으로 주민자치에 대한 시원하고 통쾌한 대안과 해법을 제시하는 강연을 하고 있다. 이러한 내용을 토대로『주민자치 정비공』이란 제목으로 책을 출간하게 되었다.

『주민자치 정비공』이라는 제목은 주민자치를 현재보다 더 좋게 개선하고 변화와 혁신을 주도적으로 이끌고자 하는 의미로 지은 것이다. 정비공이란 고장 난 것을 고치는 사람, 즉 '수리하는 사람 또는 정비하는 사람'이라는 의미를 가지고 있다는 것을 염두에 두었다. 또한 '정비공'은 삼행시로서 '정'은 정답이 없다(창의성), '비'는 비밀이 없다(투명성), '공'은 공짜가 없다(공정성)를 표현한 것이기도 하다.

정비공의 첫 글자 '정'은 정답은 없으니 고로 창의성을 찾고자 함을 뜻한다. 내가 중학교를 다닐 시절의 일이다. 선생님께서 어떤 질문을 하셔서 정답이라고 외치고 답을 말했다. 하지만 선생님께서는 틀렸다고 했다. 그날 나는 그 정답에 대해 100번을 넘게 생각해 보았지만 내가 답변했던 것이 정답이었다. 그런데 왜 그 선생님은 정답이 아니라고 했을까? 그것은 선생님이 정해 놓은 정답이 아니면 모두 틀린 것이 되기 때문이었다. 어른이 되어서 세상을 조금 살아보니 정답은 정해져 있는 것이 아니고, 다양한 정답이 있다는 것을 깨달았다. 틀에 갇힌 정답을 정하지 않고 생각해 보면 다양한 정답을 만들 수 있다. 결과적으로 창의적인 생각을 끄집어내 보자는 의미이다.

정비공의 두 번째 글자 '비'는 비밀은 없다, 즉 투명성을 찾고자 한 것이다. 과거 정보가 부족했던 시대에는 부패와 부정을 통해 이득을 취하여도 잘 모르고 지나쳤지만, 지금은 인터넷 등 통신의 발달로 인해 정보가 중심이 되어 가치를 만들어 내는 지식정보화 사회가 됨에 따라 투명한 사회로 변화되고 있다. 공공자산은 투명하게 관리되어야 한다. 세상은 투명해야 하고 모든 비밀은 드러나게 되어 있다.

정비공의 세 번째 글자 '공'은 공짜는 없다, 바로 공정성을 찾고자 한 것이다. 옛 속담에 공짜라면 양잿물도 먹는다는 속담이 있다. 양잿물을 먹으면 죽는 줄 알면서도 먹는다는 어리석은 욕심을 표현한 말이다. 주민자치는 많은 예산으로 운영되어지고 있다. 특히 주민자치 사업은 진행함에 있어서 미래를 내다보는 혜안을 가지고 진행되어야 한다. 그런데 흔히 예산으로 쓰이는 돈을 무슨 돈이라고 하는가? 바로 '눈먼 돈'이라고 한다. 우리는 다시 한번 생각해 봐야 하지 않을까. 그게 왜 눈먼 돈일까? 우리 호주머니에서 나온 돈인데 정해진 날짜까지 사용하지 않으면 반납해야 하는 돈, ㄱ 돈을 반납하지 않으면 안 될 것인가. 2년 후, 3년 후, 추가적인 예산이 들어가지 않고도 자생해서 움직일 수 있는 사업인지 다시 한번 생각하고 집행을 한다면 많은 예산을 줄일 수 있지 않을까. 그리고 주민자치를 예산으로만 운영하려고 하는 부분은 자제해야 한다. 말 그대로 자치自治는 스스로 다스리고 관리한다는 것이다. 꼭 국가 예산으로 해결하기보다는 스스로 해결하려는 노력이 필요하고, 돈이 사용될 때는 공정하게 사용되어야 한다.

공동저자인 안광현 교수는 주민자치에서 가장 중요

한 것은 내가 사는 마을을 행복하게 만들려는 꿈과 스스로 해결하려는 노력이라고 한다. 달걀이 남의 손에 의해서 껍질이 깨어지면 프라이가 되지만, 스스로 껍질을 깨고 나오면 병아리가 된다는 의미이다. 또한 안광현 교수는 패러다임의 전환을 주장한다. 나의 생각은 옳고 다른 사람의 생각은 틀렸다는 태도가 가장 위험한 것이라고 한다. 지역과 지역, 그리고 사람과 사람들의 삶과 환경과 생각들은 틀린 것이 아니라 다른 것이다. 다른 것은 아름다운 것이다. 그러므로 다름의 미학이라고 할 수 있다.

다름을 인정하는 것이 주민자치의 첫 번째 걸음이다. 지역마다 상황이 다르고 형편이 다르며, 인적 구성원이 다르기에 우리 지역은 우리 손으로, 우리 지역에 맞는 주민자치를 해야 한다. 또한 협력, 공감, 동반자적 관계를 중요시해야 한다. 특히 지역의 리더가 가져야 할 역량에서 솔선수범과 경청과 공감, 배려가 매우 중요하다.

주민자치위원회 및 주민자치회는 참여, 관심, 다양성, 민주적 의사결정 등의 플랫폼 역할을 하는 곳으로서 주민들이 대표성을 가진다. 또한 살기 좋은 마을을 만들기 위해 개선할 부분을 주민과 함께 논의하며 결정하고 실행하는 주민대표기구이다.

　공동저자인 조승자 센터장〈(사)공공자치학회 자치리더십센터〉은 우리가 주민자치를 하는 목적은 우리 자신의 문제를 해결하기 위한 것이라기보다는 우리 자손들, 앞으로 태어나거나 앞으로 자라날 우리 아들, 딸, 손자, 손녀들이 보다 행복하고 잘사는 마을을 물려주기 위해서가 되어야 한다고 말한다. 주민총회 시행 절차에 따라 주민들이 함께 만나서 수립된 계획에 대해서 정보를 공유하고 논의하는 과정전체의 중요성을 강조하며, 또한 분과위원회별로 의제를 발굴하고 발전시켜 나가야 함을 말하고 있다. '주민총회는 주민자치의 꽃'이라고 말하며 과정을 중심으로 주민총회가 어떻게 이루어지는가를 이해해야 할 것을 강조한다. 따라서 주민에 의한 주민자치는 주민들이 원하는 방향으로 나아가야 하고, 이를 위해서는 주민들의 역량강화가 필요함을 시사한다.

　『주민자치 정비공』이 주민자치의 선도적 역할과 본질적 가치의 폭을 넓히는 지침서가 되어주길 바라는 마음입니다. 또한, 지역의 주체적 리더로서 현장에서 활동하시는 주민자치위원 여러분과 지역의 주인으로 각 단체에서 주도적인 역할을 하고 계시는 활동가 여러분에게 존경과 감사의 마음으로 이 책을 바칩니다.

끝으로 이 책이 발간되기까지 주민자치 활동과 사회봉사활동을 할 수 있도록 적극적인 지원을 해준 사랑하는 가족에게 감사하고, 공저로 수고 해주신 안광현 교수님과 조승자 자치리더십 센타장님께 감사드립니다. 특히『주민자치 정비공』을 발간해 주신 행복에너지 권선복 대표님과 관계자 여러분께 깊은 감사를 드립니다.

– 저자대표 **강 광 민**

추천사

난해한 주민자치 쉽고 간결하게 풀어낸 유용한 지침서

『주민자치 정비공』이 가진 가장 큰 미덕은 쉽고 재미있게 읽힌다는 점이다. 정책, 행정, 사회, 경제, 복지 등 다양한 부문에서의 복잡 미묘한 이해관계가 얽힌 것이 다름 아닌 주민자치다. 어렵게 파고들자면 그 깊이와 넓이가 한도 끝도 없는 주민자치에서 『주민자치 정비공』은 저자 강광민의 간결한 설명과 명쾌한 주장으로 주민자치를 처음 접하는 사람도 부담없이 친절한 여정을 안내받을 수 있다.

저자가 제목으로 내세운 것처럼 주민자치는 지역적 특

성과 개인적 성향에 의거하기에 정해놓은 정답이 없다. 단 이는 주민자치 현장에서 발휘되는 창의적인 사고와 적극적 행동으로 보완된다. 풀뿌리민주주의의 초석인 주민자치에 당연히 비밀이란 있을 수 없으며 투명한 시스템에 기반을 두어야 한다. 물론 공짜도 없다. 직접민주주의를 대변하는 주민자치가 담보하는 건강한 대가는 상호 신뢰할 수 있는 공정성에 있기 때문이다.

저자는 제목에서처럼 정답과 비밀과 공짜가 없는 주민자치의 기본적인 개념을 물 흐르듯 자연스러운 전개와 설명을 통해 읽기 편하고 이해하기 쉽게 풀어낸다. 그러면서도 수직적으로 형성되어 있는 행정 주도의 관치 문제, 주민자치센터의 자생적 경쟁력 제고, 주민자치 법제화 논란, 주민자치회의 주민 및 지역 대표성 부재, 주민자치위원 교육의 실효성 등 대한민국 주민자치가 마주하고 있는 매우 중요한 당면 과제들을 정확히 짚어내고 있다. 더불어 주민자치회의 분과위원회와 운영위원회 구성, 지역 특성에 맞는 프로그램 개발 등 주민자치 현장에서 활용할 수 있는 실무적 가이드라인도 제시하고 있다.

프롤로그에서 밝힌 바처럼 주민자치의 선도적 역할과 본질적 가치에 폭을 넓히는 유용한 지침서가 되길 바라는 저자의 진심이 주민자치 현장에서 고군분투하는 주민자치위원들에 대한 존경과 고마움의 헌사로 이어진다는 점에서『주민자치 정비공』발간이 갖는 가장 큰 의미를 찾을 수 있으리라 본다.

– **전상직** 한국주민자치중앙회 대표회장

Contents

1장 내 삶을 바꾸는 주민자치

2장 정답은 없다

3장 비밀은 없다

4장 공짜는 없다

5장 주민자치(위원)회 만들기

6장 주민자치 활성화 방안

7장 주민총회는 주민자치의 꽃

8장 주민자치 성공을 위한 리더십

1장

내 삶을
바꾸는
주민자치

우리 마을에 어떠한 문제점이 있을 때 막연하게 누군가 알아서 해결해 주겠지 하는 마음으로 일관한다면 지역 발전이 일어날 수가 없다. 그러나 마을주민으로서 적극적으로 문제 해결에 참여하게 된다면 내가 사는 마을은 더 살기 좋은 마을로 발전될 것이다. 주민자치 전문가들은 지방자치 완성은 주민자치가 주민의 삶 속에 정착되고, 실질적으로 주민이 지방행정에 참여할 때 이루어진다고 강조하고 있다. 하지만 우리나라는 지방자치가 실시되면서 주민자치는 단체장과 지방의회의 관변조직에 의해서만 처리되는 걸로 인식되어 자치自治라기보다는 관치官治에 가깝게 받아들여져 온 것이 현실이다.

주민자치는 우리 지역과 마을, 우리 삶의 문제에 대한 해결 방안을 주민 스스로 나서서 직접 결정하는 것이다. 즉, 주민들이 자유롭게 행정에 참여하고, 주민들의 다양한 목소리가 정책에 반영되는 것이 진정한 주민자치이다.

또한, 주민의 참여로 결정된 마을 의제를 해결하는 데 필요한 공적 자원을 제공하는 것은 자치단체와 국가에서 해야 할 일이다.

주민 참여가 발달한 국가가 선진국이라 할 수 있다. 주민이 직접 참여하여 결정하고 실행하는 데에는 다양한 주민의 의사를 협의하고 조정하고 배려하는 민주주의 원리가 작용되어야 한다. 우리나라의 고질적 문제인 권력 집중과 중앙 집중의 문제를 주민이 참여하여 해결하는 것이 바로 주민자치이다.

주민자치 활동은 마을에서 민주주의가 정착되고 안정적인 운영을 하는 것이 핵심 목표이다. 내가 참여하여 내 삶을 바꾸는 일이 완성되는 것이다. 나의 문제를 해결함에 있어 주체적으로 결정하고 환경을 변화시키는 과정이 굳게 자리 잡을 때 지방자치시대에 주민이 당당하게 주인으로 서게 되는 것이다.

주민자치를 통해 어떻게 내 삶을 바꿀 수 있을까?

지방자치와 주민자치의 정의

지방자치地方自治는 '지방地方'과 '자치自治'라는 두 단어가 결합한 것이다. 즉 지방에서 이루어지는 자치를 말한다. 여기서 지방地方이란 국가의 한 부분으로서 지역을 의미하는 것이고, 자치自治란 자기 일을 스스로 다스림을 말한다.

그러므로 지방자치란 '지방 공공단체를 구성하는 일정 지역의 주민이 스스로 또는 대표자를 통해 지역 내의 사무를 처리하여 궁극적으로 주민의 복리를 실현하는 것'이라고 할 수 있다.

지방자치란?

Who – 「지방공공단체를 구성하는 일정지역의 주민이」

How – 「스스로 또는 대표자를 통해」

What – 「지역 내의 사무를 처리하여」

Why – 「궁극적으로 주민의 복리를 실현하는 것」

지방자치는 '단체자치'와 '주민자치'로 구분할 수 있다. '단체자치'는 '국가로부터 인정받은 시·도 혹은 시·군·구 등 지방자치단체가 일정한 구역 안에서 국가로부터 부여받은 자치권에 근거를 두고 그 지역 내의 행정사무와 자치사무를 처리하는 것'이라고 정의한다.

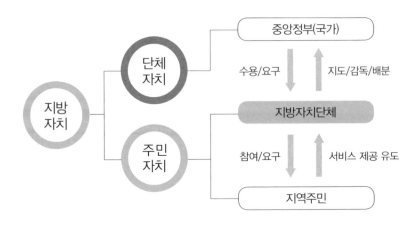

'주민자치'는 '지역사회 발전을 위한 그 지역 안의 현안 과제를 자기부담에 의하여 주민들의 자발적이고 적극적인 참여를 통하여 주민들이 직접 처리하는 것'이라고 정의한다.

주민자치는 우리들의 일상적, 사회적 삶 속에서 직접 실천하는 운동이자 풀뿌리 민주주의 제도를 의미한다. 우리는 자신의 삶의 방식을 스스로 결정하는 것이 가치 있고 바람직하다고 생각한다. 마찬가지로 자치는 집단의 의사결정 절차로서 집단 스스로 결정하는 원리라고 볼 수 있다. 이러한 자치의 원리는 구성원들을 자율적이고 합리적인 존재로 대우한다는 것을 의미하는 동시에 자치를 통해 구성원들의 지적, 도덕적 능력을 함양하고 발전시킨다는 의미가 있다. 자치 공동체는 인간의 주체성, 존엄성을 존중해 주는 가장 이상적인 운영방식이라고 볼 수 있다.

주민이 직접선거를 통하여 지방의회의원과 지방자치단체장을 선출하고, 이들에게 주민의 의사나 요구사항을 직·간접적으로 전달하여 주민의 의사가 지역의 정책결정에 반영되거나 영향을 미칠 수 있다는 점에서 주민은 지방자치의 주체가 된다. 또한, 지역문제 해결에 자발적으로 참여하여 스스로 정책을 결정하고 집행한다는 측면에서 보면, '주민자치'가 실질적인 권한 행사 주체라고 할 수 있다.

주민자치(위원)회는 지방자치단체를 지원하는 지방자치단체의 산하의 단순한 행정지원기관이 되어서는 안 된다. 주민자치(위원)회는 스스로 지역문제를 찾아내고, 그 지역의 문제를 해결하기 위한 방안을 모색하여, 주민 스스로의 힘으로 해결하는 주민 공동체가 되어야 한다.

내가 생각하는 주민자치란?

주민자치의 현주소

우리나라 주민자치는 아직 미약한 단계이다. 특히 주민자치회와 주민자치위원회는 여러 문제점을 안고 있다. 주민자치의 현주소를 살펴보자.

첫째, '주민자치센터의 설치와 운영에 관한 조례'는 주로 읍·면·동의 시설의 활용과 관리에 중점을 두고 있으며, 시설의 관리와 운영의 주체를 읍·면·동장으로 규정하고 있다. 주민자치위원회의 위상과 역할에 대한 법적인 근거 규정이 없이 불명확하게 되어 있는 현실이다.

둘째, 주민자치위원의 대표성과 전문성을 충족시키기에도 미흡하다. 전국 평균적으로 연령대별로 보면 50대와 60대에 자치위원이 편중되어 있으며, 직업별로는 지역 내

자영업자와 전업주부 등이 주류를 이루고 있다. 따라서 주민자치위원 위촉의 객관성과 신뢰성의 확보가 필요하다.

셋째, 주민자치활동에 필요한 주민자치위원의 의지와 역량을 높여야 한다. 주민자치위원이 주민자치활동에 참여하는 시간은 월 1회 정도인데, 결국 월례회의에만 형식적으로 참석하고 있다는 결론이 나온다. 대부분의 주민자치위원은 생업에 바빠서 주민자치활동에는 전적으로 매달리지 못하고 있다. 또한, 주민자치위원의 활동 역량이 부족하다고 인정하면서도 주민자치 역량교육에는 소극적이다. 시·군·구 혹은 읍·면·동에서 주관하는 자체 교육도 1회성, 형식적 단순행사, 야유회를 겸한 형식적 교육이 대부분으로 주민자치 역량 강화와는 거리가 멀다고 볼 수 있다.

넷째, 주민자치위원들의 주체성을 함양하는 동시에 공무원과 효율적이고 수평적인 협력관계 형성이 필요하다. 주민자치 활동에는 다양한 정보들이 필요한데, 주민자치 활동에 필요한 대부분의 정보들은 시·군·구 혹은 읍·면·동 공무원을 통하여 주민자치(위원)회에 전달되고 있다. 한

편으로, 주민자치(위원)회가 주도하여 공무원과 대화하고 소통하기보다는 일방적으로 공무원이 도와주기를 기대하는 주민자치위원이 많다.

다섯째, 주민자치를 지원하기 위한 법적·제도적 장치가 아직 정비되어 있지 않다. 주민자치를 지원하기 위한 조례조차 제정되어 있지 않은 곳이 많으며, 행정안전부 표준조례안을 기초로 조례를 만들고 있는 실정이다. 대부분 지방자치단체는 주민자치 전반을 지원하는 조례가 아니고 주민자치의 일부인 '마을 만들기'를 지원하는 조례만을 제정하고 있다.

여섯째, 주민자치를 통해 마을공동체를 형성하기 위한 지역사회 연계망이 구축되어 있지 않다. 읍·면·동 단위 지역사회에서는 아파트입주자대표회의, 부녀회, 새마을단체, 바르게살기단체, 지역사회보장협의회, 영농회, 작목반 등 주민자치와 유사한 활동을 하는 다수의 단체들이 있지만, 제각기 독자적으로 활동하여 활동의 중복과 자원의 낭비를 가져오고 있다.

일곱째, 주민자치를 지원하는 자치단체의 조직이 체계적으로 정비되지 못하고 있다. 자치단체 부서 중에 주민자치과, 자치행정과 외에도 다양한 부서에서 주민자치 지원을 주관하기도 한다. 따라서 주민자치 지원기능이 평생교육, 민원 등의 기능과 혼합되어 수행되고 있어서 주민들과 담당 공무원들에게 혼동을 주고 있다.

여덟째, 주민자치활동의 지원업무에 대한 담당 공무원들의 의욕과 전문성이 부족한 현실이다. 주민자치 지원담당 공무원인 시·군·구와 읍·면·동의 주민자치 지원 실무팀장과 실무 주무관의 빈번한 인사이동으로 주민자치업무에 대한 노하우가 축적될 시간이 없다.

아홉째, 체계적이고 정기적인 주민자치위원 교육이 미흡한 현실이다. 주민자치위원들의 역량을 강화시키기 위한 대표적인 방법은 교육이다. 그러나 주민자치위원에 대한 교육은 대개 1회성, 행사성 교육이 대부분이다. 1박2일로 주민자치위원 야유회를 가는 경우, 구색을 갖추기 위하여 형식적으로 2-3시간 정도의 전문가 특강시간을 할애하고 있다. 일부 자치단체에서는 주민자치와 관련이 없는 연예인을 초청하여 특강을 듣고 주민자치 교육으로 대체하는 경우도 있다.

열째, 주민자치 교육이 1회성으로 진행되다 보니 교양강좌나 주민자치위원의 책임과 역할 등 원론적이고 추상적인 내용이 주류를 이루고 있다. 대부분의 교육이 강의형식의 이론교육이기 때문에 현장에서 적용할 수 있는 전문적이고 기술적인 부분의 교육은 부족한 실정이다. 따라서 공모사업에 채택되거나 시범사업지역으로 지정된 경우에도 구체적인 사업수행 능력이 없어서 사업이 지지부진하거나 최악의 경우 사업이 실패하여 국가재정의 낭비만을 초래하기도 한다.

주민자치의 10가지 문제점은 전국적으로 모든 주민자치(위원)회의 문제는 아니지만 대부분 공통적으로 가지고 있는 문제들이다. 그러므로 우리 지역의 문제점이 무엇인지 파악하고 대안을 찾아 한층 더 발전된 주민자치를 만들어 가야 한다.

지금 우리 지역 주민자치의 문제점과
개선되어야 할 대안을 적어보세요.

주민자치의 구성요소

주민자치를 구성하고 있는 요소는 주민자치가 이루어지는 구역(읍·면·동, 마을, 동네 등), 주민자치의 주체가 되는 사람(주민자치위원회, 주민, 시민단체 등), 제도와 조직(주민자치지원 행정조직, 협력 네트워크 등), 주민자치에서 추진하는 일(주민자치 사업–마을 강좌, 마을사업, 마을행사 등) 등이다.

주민자치의 주체

　주민자치는 '주민의(사람), 주민을 위한(사업), 주민에 의한 (조직)' 지역민주주의의 구현을 목표로 하기 때문에 주민자치의 주체는 주민이다. 주민자치는 개개인의 주민들이 조직이나 단체를 구성하여 추진하는 것이 일반적이다.

　주민자치(위원)회는 원칙상 가장 공정한 관점에서 다양한 이해관계의 갈등과 충돌을 자체적인 심의를 통해 스스로 조정하고 중재하는 역할을 한다. 다만, 임원의 대표성이나 임원선출의 민주성 등 미흡한 부분에 대한 보완이 필요하다. 주민의 대표성을 확보하기 위한 방안으로 주민자치회의 핵심이 되는 주민자치위원들을 계층별, 연령별, 성별 등을 고려해 제대로 뽑고, 그 위원들이 주민자치의 리더의 역할을 하며 주민자치회의 사업을 이끌어가는 모델이 적극적으로 검토되어야 한다. 이와 같은 상황에서 주민자치(위원)회는 주민자치를 추진해 나가는 핵심적인 주체로 자리매김해야 한다.

주민자치위원은 지역사회의 다양한 시민단체, 동아리 등의 힘을 모아 살기 좋은 마을을 만들어 가는 데 있어 중심축으로 역할을 해야 한다. 따라서 주민자치(위원)회는 주민자치를 지역사회에 성공적으로 뿌리내리게 하고 주민자치의 꽃이 활짝 피어나 살기 좋은 마을이라는 열매를 맺게 하는 데 필요한 힘을 가지는 것이다.

주민자치(위원)회에서 주체적 역할을 하고 있는 내용을 적어보세요.

주민자치의 사업

    주민자치 사업은 시·군·구의 각 읍·면·동별 주민자치 (위원)회가 주관하고 있는 마을강좌, 마을사업, 마을행사 등 주민자치활동을 말한다. 주민자치활동은 마을 전체의 이익을 위한 활동이고, 주민의 참여와 봉사에 의해 이루어지는 주민들이 원하는 활동이며, 일회성이 아니라 지역사회 내에서 지속적으로 이어지는 활동이라는 점에서 주민자치(위원)회의 활동은 이익집단의 활동이나 동호인 집단의 사적인 활동과는 구분되는 공적인 활동이라고 할 수 있다. 따라서 주민자치사업은 국가나 지방자치단체의 공공정책사업의 범주에 들어간다고 할 수 있다.

    지방자치단체의 입장에서 이러한 주민자치 사업은 지방자치단체가 설정한 주민자치 정책의 목표를 구체적으로 실현시키기 위하여 추진되는 것이다. 주민자치위원회가 주관하는 주민자치 사업은 크게 마을강좌, 마을사업, 마을행사 등으로 구분할 수 있다.

마을강좌는 주민자치센터에서 무료 또는 유료로 제공하는 각종 프로그램으로 초기에는 생활체육이나 문화교양 등을 중심으로 개인적인 취미활동 수준에 그쳤으나, 최근에는 단순한 개인의 취미생활을 넘어서 마을에 기여할 수 있는 것으로 승화되고 있다.

마을사업은 살기 좋은 '마을'을 만들기 위한 주민들의 자치적인 사업을 말한다. 마을사업은 마을의 실정에 맞고 우리 마을만이 가지고 있는 개성 있고 독특한 특성을 살리고 마을이 가지고 있는 자산을 최대한으로 활용하여 추진해야 한다. 주민들에게 유익하여 주민들이 기꺼이 참여하기를 원하며, 주민 스스로가 선정한 사업을 마을의 차원에서 지속적으로 실행하여 가는 체계와 과정을 확보하는 것이 중요하다. 마을사업의 유형은 마을의 경관을 아름답게 가꾸는 사업, 노인, 장애인, 저소득층 자녀 등 소외된 이웃에 대하여 배려한 복지사업, 마을의 안전망을 구축히고 범죄를 예방하기 위한 사업, 주민들 간의 소통과 교류를 목적으로 하는 사업, 지역문화의 활성화에 기여하는 사업, 지역경제의 활성화에 도움을 주는 마을기업이나 커뮤니티 비즈니스 같은 경제적인 사업, 주민들의 삶의 질과 문화적인 수준을 높이기 위한 문화사업 등으로 구분할 수 있다.

마을행사는 마을 단위에서 주기적 혹은 연례적으로 열리는 마을의 축제 같은 것을 말한다. 마을행사는 면민체육대회, 동민의 날 등과 같은 주민의 화합과 단결을 위한 사회적인 행사가 있고, 지역사회의 고유한 문화와 전통을 살리고 보존하기 위한 문화적인 행사, 동제와 성인식 등과 같은 의례적인 행사 등으로 구분할 수 있다. 이러한 주민 거버넌스를 기반으로 이루어지는 주민자치 사업의 가장 핵심적인 원칙은 바로 '주민의 참여를 기반으로 주민이 주도하는 것'이 될 것이다. 따라서 주민의 주체성이나 적극성이 결여된 주민자치는 사실상 그 의미가 없다.

나의 생각창고

우리 지역에 우선적으로 추진되어야 할 사업과
우리 지역만의 독창성 있는 사업은 무엇일까?

주민자치의 제도와 조직

　주민자치를 지원하는 법적 근거는 헌법과 지방자치법에서 찾을 수 있다. 헌법 117조 제1항에서는 지방자치단체는 자치에 관한 규정을 제정할 수 있다고 규정하고 있으며, 특히 지방자치법 제8조 제1항에서는 '지방자치단체는 그 사무를 처리할 때 주민의 편의와 복리증진을 위하여 노력하여야 한다.'고 규정하여 시·도와 시·군·구가 주민자치를 지원하여야 한다고 명문화시키고 있다. 이처럼, 지방자치법 제8조를 근거로 하여 각각의 시·군·구에서는 '주민자치센터 설치와 운영에 관한 조례'를 제정하였다.

　해당 조례가 실질적으로 주민자치를 지원하고 주민자치센터의 설치와 운영을 위한 법적 근거가 되고 있다. 행정적으로 주민자치를 지원하기 위하여 지방자치단체에서는 조직기구를 설치하고 관련 인력을 배치하고 있다. 시·군·구 차원에서는 자치행정과 혹은 주민자치과(지역에 따라서는 평생교육과, 새마을과 등에서도 주민자치지원 업무를 담당하기도 함)에서 주민자치를 지원하기 위한 담당부서를 설치하고 직원을 배치하고 있다.

조례의 제정은 주민자치위원회의 법적 지위와 권한을 부여하고 주민자치의 법적, 제도적 뒷받침을 위해 필요하다. 특히, 주민자치와 관련된 조례의 제정은 각 지역의 실정을 면밀하게 파악하고 그에 기반해 정책 및 제도의 내용을 고민해야 하지만 상급 기관의 지침을 그대로 수용하는 경향이 있다. 지방자치단체장은 표준조례안에 기반하되 지역의 실정에 맞게 주민자치 지원조례, 주민차지회의 설치와 운영에 관한 조례 등을 민주적이고 합리적으로 제정해야 한다.

주민자치회의 설치와 운영에 관한 내용을 담았던 「지방자치법 전부개정법률안」이 21대 국회 첫 정기국회였던 지난해 2020년 12월 9일 통과되었다. 그러나 안타깝게도 현장의 염원과는 달리 주민자치회와 관련한 8개항은 전부 삭제된 채 통과되었다. 전국의 마을공동체지원센터와 마을활동기, 주민자치회 위원 등이 주축이 되어 '주민자치회 조항 삭제 대응 비상대책위원회⁽가칭⁾'를 구성하여 지방자치법에 다시금 주민자치회와 관련한 조항이 들어가게 하기 위한 서명운동과 추진본부의 구성 등을 진행하고 있다.

현재의 주민자치회는 '지방자치분권 및 지방행정체계 개편에 관한 특별법'의 제27조부터 29조의 주민자치회와 관련한 조항에 법률적 근거를 두고 있으며, 제29조의 ④항의 "행정안전부장관은 주민자치회의 설치 및 운영에 참고하기 위하여 주민자치회를 시범적으로 설치·운영할 수 있으며, 이를 위한 행정적·재정적 지원을 할 수 있다"에 의하여 2021년 6월 현재 전국적으로 777개 읍면동에서 시범실시하고 있다. 주민자치회는 풀뿌리 자치를 위한 읍면동 지역사회의 대표적 주민조직으로서 자치계획 수립 및 실행, 주민총회 개최, 주민참여예산의 제안과 편성, 주민자치센터 운영 등을 실질적으로 수행하는 핵심적 주민자치 조직이다.

우리 지역 주민자치의 제도적으로
뒷받침되어야 할 내용을 적으세요.

주민자치회와 주민자치위원회의 차이점

　주민자치위원회는 평생교육기관의 강좌운영 정도의 역할만 수행할 뿐 주민자치 기능은 미흡하였다. 그러나 주민자치센터는 본래 주민자치와 무관하게 행정 및 정치권에 의한 제도화로 만들어진 태생적 한계를 가지고 있었다. 또한 1998년 '읍면동 행정기능전환'의 부산물로 탄생했다는 점과 궁극적 운영 책임은 읍면동장(관 주도)이었다는 점 역시 고려해야 한다.

　주민자치회는 기존의 주민자치위원회 역할의 권한을 보다 확대하여 주민총회를 통해 주민의 생활현장과 관련된 기능을 직접 결정하고 수행함으로써 지역의 현안과 의제를 포함하는 자치계획을 수립하는 생활 자치를 추진하는 주민대표 자치기구이다. 주민자치회는 지역개발, 교통신호개선, 혐오시설 및 현안문제, 마을계획 수립, 주민총회 개최, 마을신문 발간, 마을축제 및 행사, 작은 도서관, 공공시설 운영 등의 주민자치 업무를 수행하고, 주민 간 의견수렴 등의 주민생활 관련 사안에 대한 협의, 심의권을 가지고 있다. 현재 전국적으로 주민자치위원회에서 주민자치회로 전환되어 가고 있는 실정이다.

〈주민자치회와 주민자치위원회〉

구분	주민자치회	주민자치위원회
위상	주민자치 협의 및 실행기구	읍·면·동장의 자문기구
구성	10명~50명 이내	30명 이내
기능	• (주민자치사무) 주민총회, 마을계획 수립, 마을축제, 마을소식지 발간 등 • (협의 및 자문사무) 소규모 주민 숙원사업, 읍·면·동 예산협의회 관련 사무, 읍·면·동의 일부 행정사무 등 협의 및 자문 • (수탁사무) 노인대학 운영, 자전거 순찰대 운영, 주민자치센터 운영 등 시에서 위탁하는 사무 추진	• 주민자치사무 • 주민자치센터 프로그램 운영 등(문화·복지·편익 기능 수행)
위촉권자	지방자치단체장	읍·면·동장

우리 지역에서 우선적으로 추진되어야 할 사안을 적으세요.

2장

정답은
없다

정비공의 첫 글자 '정'은 정답이 없다는 의미에서 답을 찾았다. 즉 다양성과 창의성을 찾고자 한 것이다. 주민자치센터의 활성화는 주민자치위원들이 얼마나 창의성을 발휘하는 다양한 활동을 전개하느냐에 달려있다. 정답의 틀을 벗어나 답을 정하지 않고 다양한 정답을 찾게 되면 다양성과 창의성이 나오게 된다. 주민자치 프로그램을 운영하는 데 있어 가급적 다른 자치센터나 사설 기관과의 중복을 피하고, 지역의 실정에 맞는 특색 있는 활동을 발굴해 나가는 데 창의력을 발휘해야 한다.

특히 여러 가지 제약이 많은 주민자치센터를 활성화하기 위해서는 자치위원들의 창의성이 매우 중요한 역할을 하게 될 것이다. 주변상가와 연관성이 있는 사업은 주민자치에서 피해야 한다. 주변상가와 경쟁구도를 만들면 주변상가는 경쟁에서 질 수밖에 없는 구조가 될 것이므로 우리 지역 주민을 주민자치에서 떠나게 만드는 결과가 될 것이다.

예를 들어 주민센터 입구에 커피숍을 차려서 영업을 하게 되면 주변 커피숍은 대부분 망하게 된다. 왜냐면 주변 상가는 100% 사업주의 자본을 투자하여 사업을 하고, 주민센터 사업장은 거의 임대료를 무료로 하여 운영되고 투자금 또한 공모사업으로 만들어지고 봉사자들로 운영되기 때문에 인건비 역시 낮아 가격 경쟁력에서 일반 사업장은 버틸 수가 없다.

또한 우리나라 사람들은 경쟁의식이 특이하다. 예를 들면 한 골목에 식당을 운영하여 잘되면 유대인은 그 식당 옆에 옷가게를 차리고 또 다른 유대인은 신발가게를 차리고, 또 다른 유대인은 악세사리 가게를 차려서 상생을 한다고 한다. 그러나 한국인은 그 식당 옆에 상호만 다른 식당을 또 차리고, 또 차려서 원조 싸움을 한다. 물론 함께 모여 있어서 시너지 효과를 보는 경우도 있지만 스스로 무너지는 경우가 많다. 주민자치센터의 실정에 따라 적합한 기능을 특화하고, 지역사회와 함께 더불어 공생할 수 있는 방안을 모색해야 한다.

일취월장日就月將이라는 말은 누구나 좋아한다. 우리는 각자 내면에 잠재력이 있지만 그것을 잘 활용하지 못한다. '잠자는 거인'을 깨우지 못하고 자신에게 거인이 있는 지조차 모르는 사람도 많다. 그래서 잠재력을 극대화시키지 못한다. 작은 일에도 구성만 달리하면 효과를 거둘 수 있다. 새로운 구성을 시도해 보는 참신함 속에서 놀라운 결과를 만들 수 있을 것이다. 늘 하던 방법이 아니라 다른 방식으로 접근하면 새로운 창의성을 만들 수 있다.

우리 지역 주민자치(위원)회에서 하지 말아야 할 사업과
추진되어야 할 사업을 적어보세요.

고정관념을 깨라!

생각의 벽을 깨면 새로운 세상이 열린다.

사람들에게는 누구나 벽이 있다. 그 벽은 어린 시절에는 아주 무르고 부드럽다. 그래서 쉽게 허물어지거나 깨질 수 있어서 얼마든지 다른 생각들이 자유롭게 들어왔다가 나갈 수 있다. 하지만 점점 나이가 들면서 그 벽은 딱딱하게 굳어져 간다. 그리고 어느 순간부터 너무나 높고 단단해져서 더 이상 쉽게 생각의 벽을 깨거나 넘을 수가 없게 된다. 그렇게 되면 나와 다른 생각들은 이해하지 못하게 된다. 고정된 견해나 사고를 버리지 못하는 것을 고정관념이라고 한다.

2천 년 전에 예수님이 태어나셨을 때도 사람들은 고정관념 때문에 본질을 보지 못했었다. 아기 예수의 탄생을 경배하기 위해 먼 길을 달려온 동방박사들도 마찬가지였다. 학식이 풍부하고 인생의 경험도 많은 이들이 아기 예수를 만나기 위해 먼저 찾아간 곳은 헤롯왕의 궁전이었다. 온 인류를 구원할 메시아라면 지위가 높고 권력도 강한 가문에서 태어날 것이라고 예상했기 때문에 왕궁을 찾아갔을 것이다. 그러나 예수님은 으리으리한 왕궁에서 황금 보자기에 싸여 태어나시지 않고 가장 허름한 마구간의 말구유에서 태어나셨다. 사람들의 그릇된 고정관념을 여지없이 깨뜨리는 사건이었다. 고정관념은 우리들의 생각과 안목을 좁게 만든다. 작은 것에 연연하지 말고 고정관념을 깨뜨리면 세상이 훨씬 넓게 보인다. 생각을 바꾸면 사물이 훨씬 크게 보일 것이다.

내가 가지고 있는 고정관념은 무엇이며, 해결 방안을 찾아보세요.

구르는 돌에는 이끼가 끼지 않는다

구르는 돌에는 이끼가 끼지 않고, 한곳에 고여 있는 물은 썩고 만다. 우리들의 생각도 벽 속에 갇혀 꽉 막혀 있으면 언젠가는 썩고 말 것이다. 변화를 두려워한다면 우리는 저마다 가지고 있는 한계를 넘지 못한다. 항상 이상적인 결과는 창의적인 사고에서부터 시작된다.

철옹성같이 벽으로 사방이 꽉 막힌 생각들을 고정관념이라고 한다. 대부분의 사람들은 고정관념에 사로잡혀서 세상을 살아간다. 예컨대 새를 머릿속에 떠올린다면 날개가 있고 하늘을 날 수 있는 생물이라는 생각을 가장 먼저 한다. 그리고 세상에 존재하는 모든 새를 그와 같은 생각의 틀로만 이해하려고 한다. 하지만 모든 새가 하늘을 날 수 있다는 생각은 케케묵은 고정관념이라고 할 수 있다.

실제로 모든 새가 하늘을 날 수 있는 것은 아니다. 또 새 가운데는 나는 것보다 헤엄을 더 잘 치는 녀석들이 있고 또 땅 위를 달리는 것을 더 잘하는 녀석들도 있다.

저마다 살아가는 환경에 따라서 다양한 생김새와 습성을 가지고 있다. 색안경을 쓰고 들여다보면 놓치는 것이 많아진다. 여러 가지 특징들을 무시한 채 오로지 자신이 알고 있는 지식으로만 이해하려 하기 때문이다. 우리의 시야를 좁히는 것은 우리 자신임을 알아야 할 필요성이 있다. 좀 더 적극적으로 사고의 방식을 다양화시킬 필요성이 있다.

틀에 박힌 생각만 하는 사람들은 마치 정해진 길로만 다니는 기차와도 같다. 그들은 철길이 끊어지면 더 이상 움직일 수가 없다. 길이 없으니 왔던 길로 되돌아가거나 포기하는 것, 이 둘 중 하나를 선택해야 한다. 하지만 생각의 틀을 깨는 사람과 창의적인 사고를 가지고 있는 사람은 길이 없으면 길을 새롭게 만들어 갈 수 있다. 길이란 사람들이 편리하게 다니기 위해 만든 것에 불과하니

당연히 자신들이 새 길을 만들어서 가면 된다고 생각하는 것이다. 생각이 자유로우면 아예 길을 뛰어넘는 창의적인 발상을 할 수 있다. 사방이 꽉 막혀 있는 생각의 벽을 부수는 건 창의적인 사고에서부터 시작된다.

주민자치위원으로서 한계점은 무엇인가?

자신만의 창의적인 정답을 찾아라

나는 중학교 때 선생님께서 질문을 하셔서 손을 번쩍 들고 정답이라고 생각하는 말을 했는데 "땡하고, 아니야"라는 대답을 받았다. 나는 그때부터 정답을 알아도 손을 들지 못하는 소심한 사람이 되었다. 지금 책을 읽고 있는 여러분도 이와 비슷한 일을 경험해 보았을 것이다. 학교에서 집에 돌아와서 내가 맞춘 정답에 대해 백 번을 생각해도 그 답은 정답이었다.

근데 왜 그 선생님께서는 정답이 아니라고 했을까? 그것은 선생님께서 정해 놓은 그 정답 틀 안에 들어오지 않을 경우 모두 틀린 것으로 간주했기 때문이다. 창의성이 없는 교육 현실이다. 나의 세대는 초등학교, 중학교, 고등학교, 대학교를 다니면서 이처럼 창의적인 교육을 받기 어려웠다.

나는 대학 교육현장에 있을 때 학생들에게 중간고사 시험을 보고 나서 일주일 후에 똑같은 시험지를 가지고 시험을 다시 보는 실험을 해 보았다. 결과는 2차 때 모두가 답을 적지 못했다. 일주일 전에 외워서 시험을 보았든, 컨닝을 했든 일주일 후에 시험을 다시 치렀을 때 적지 못한 공부를 사회에 나가서 써먹을 수 있을까 의문스러웠다. 그래서 시험 보기 일주일 전에 시험지와 답안지를 학생들에게 나누어주고 시험을 보게 하였다. 미리 정해진 정답 외에 본인의 생각으로 답을 적으라는 것이었다. 정답을 옮겨 적는 것은 기본 점수를 주고, 본인의 생각이 얼마나 창의적인가에 따라서 평가를 하였다. 그랬더니 본인의 생각을 적었던 친구들은 일주일 후에 대부분 정답을 적었다. 이 말은 정답을 정하지 않고 본인들이 생각하는 것이 정답이 되었을 때 학습능력이 높아짐을 의미했다. 다양한 정답을 만들어 내니 창의적인 교육이 되고, 틀에 갇혀 있는 교육이 아닌 현실적인 대안을 찾은 교육이 되는 것이라는 생각을 해서 지금도 이러한 시험방식을 창의적으로 운영하고 있다. 결과적으로 학교에서 배운 정답을 내려놓고 자신만의 정답을 찾았을 때 진정으로 창의적인 생각이 나올 것이다.

우리 지역만의 주민자치에 대한 다양한 정답을 찾아보세요.

깨어있는 시민의식

천편일률적이고 획일적인 시각은 더 이상 가치를 창출할 수 없다. 누가 더 새로운 시각으로 보고, 새로운 해석으로 보고, 남다르고, 재미있는 의미를 부여하는가에 따라서 창의력이 탄생된다. '전봇대 옆 쓰레기는 누가 치워야 할까? 환경 미화원이 치워야 할까?' 쉽게 생각하면 환경미화원이 치워야 할 것으로 생각한다. 하지만 환경미화원은 규격봉투에 담겨져 있지 않은 쓰레기는 가져갈 수 없다. 그렇다보니 전봇대 옆에는 항상 쓰레기가 쌓여 있다. 그래서 주민센터에서, 주민자치에서, 부녀회에서, 각종 봉사자들이 치우지만, 치우고 나면 다음 날 또 다시 쌓이고 일 년 내내 그곳에는 쓰레기가 쌓여있다. 내 집 앞 쓰레기는 내가 스스로 치우는 시민의식이 필요하다. 예를 들어서 지나가는 학생이 내가 쓰레기를 줍고 있는 모습을 보고 그 옆에 쓰레기를 버릴 수 있을까? 아마 버리기 어려울 것이다. 그 학생은 자기 호주머니에 쓰레기를 넣어서 근처 쓰레기통이나 학교 또는 자기 집 쓰레기통에 버릴 것이다. 이처럼 우리들의 행동 하나 하나가 상대편의 마음을 바꿀 수 있다. 나는 우리 집 앞 주변을 청소하고 전봇대 옆 쓰레기를 치우다 보니 옆집 아주머니를 비롯한 주민들이 참여하여 전봇대 옆 쓰레기가 사라지게 되었다. 나 하나의 선한 영향력으로 다른 사람의 의식을 바꿀 수 있다.

결과적으로 깨어있는 시민의식을 통해 지역의 이미지를 개선하고 우리 지역 주민 스스로 환경적 변화를 이끌어낼 수 있다.

내가 우리 마을에서
시민의식의 전환을 줄 수 있는 부분을 적어보세요.

창조적 스토리텔링의 필요성

　과거에는 국방력과 경제력이 국가경쟁력이었다. 지금 시대는 문화력이 경쟁력이 되었다. K-POP의 문화적 가치가 얼마나 큰 가치를 부여하고 있는가? 그런데 자치단체장들은 기업유치에 열을 올리고 있다. 자치단체에서 기업을 유치하는 목적은 일자리 창출과 지역경제를 활성화시키기 위해서이다. 하지만 4차 산업혁명 시대가 되면서 우리 인간이 하던 일을 기계, 로봇이 대신하기 때문에 기업을 유치해도 일자리가 만들어지지 않는다. 따라서 새로운 일자리를 만들어야 할 것이다. 그 새로운 일자리는 문화, 관광, 레저, 서비스 산업에서 찾아야 한다. 문화, 관광 레저 산업이 발전하기 위해서는 아름다운 산이 있고, 아름다운 섬과 바다가 있고, 문화자원이 있어야 하는데, 전국 어디를 가더라도 아름다운 산이 있고, 강이 있고,

문화자원이 있다. 외국으로 나가보아도 전 세계에 아름다운 산과 바다, 문화자원이 있다. 그래서 우리 지역만의 독창성 있는 창조적인 스토리텔링이 필요하다.

나의 생각창고

우리 지역만의 창조적 스토리텔링으로 활용할 부분을 적으세요.

사례1. 산타마을

창조적인 스토리텔링의 대표적인 사례 하나를 소개한다면 핀란드 로바니에미의 산타마을을 들 수 있다. 과거에 핀란드 로바니에미에서 마을 주민들이 모여 "우리의 미래 산업을 무엇으로 할까" 하고 토론을 하였다. 한 사람이 굴뚝 있는 산업을 해야 한다고 하였다. 또 다른 사람이 굴뚝 있는 산업이 무엇이냐고 묻자, 관광산업이라고 하였다. 그렇게 "이 높은 산속에 누가 관광을 올 것인가"라고 토론하는 과정에서 굴뚝이라는 창조적인 아이디어를 만들었다. 바로 산타는 굴뚝을 타고 들어온다는 어처구니없는 이야기로 스토리텔링을 만든 것이다. 그렇게 산타마을이 탄생되었다. 집집마다 없는 굴뚝을 세우고 마을 주민들이 산타 복장을 하고 관광객을 유치하였다. 그러면서 산타는 "핀란드 로마니에미에 있다"는 방송을 타게 되면서 세계적인 관광지가 되었다. 핀란드 로바니에미는 3개월 전에 예약을 해야만 갈 수 있다고 한다. 지금도 인구 6만인 도시를 100만 관광객이 찾고 있다.

만약 이곳에 꽃을 심고, 케이블카를 만들었다면 지금도 100만 관광객이 올 수 있을 것인가? 아마 어림없는 이야기일 것이다. 이처럼 보이는 것만이 아닌, 보이지 않는 우리 지역의 창조적 스토리텔링을 만들어야 한다.

산타마을처럼 우리 지역에 활용할 관광 문화 자원을 적어보세요.

사례2. 간고등어

　우리나라 국민 대부분은 고등어는 안동 간고등어를 먹는다고 한다. 왜 안동 간고등어를 먹을까? 안동 간고등어는 창조저 스토리텔링으로 만들어졌디. 안동의 옛 어르신이 고등어에 소금 간을 적절하게 해서 맛있게 먹었다는 이야기를 스토리텔링한 것이다. 하지만 안동 지역만 고등어에 간을 해서 먹었던 것이 아니다. 우리 선조들은 안동 지역뿐만 아니라 전국 어디에서나 고등어에 간을 해서 먹었다고 한다. 간을 하는 이유는 오래 보관하고, 적절한 짠맛을 맞춰 맛있게 먹기 위해서였다. 그런데 왜 산간지방인 안동에서 간고등어를 가장 많이 팔게 되었을까? 그것은 안동 자치단체에서 옛날 안동지역 어르신들이 고등어에 간을 맛있게 해서 먹었다는 이야기를 담아 축제를 열어 만들어낸 결과물이다. 안동의 창조적인 스토리텔링이 만들어낸 결과는 대단하다. 고등어를 잡고 있는 인천항, 부산항, 목포항이 아닌, 고등어 한 마리 잡히지 않고, 천일염 하나 생산되지 않는 안동 산간지역에서 고등어 전국판매 1위를 차지하고 있다. 이 처럼 안동 지역은 스토리텔링을 통해서 큰 성과를 만들었다. 그 지역에서 생산이 되지 않는 상품을 팔 수 있었던 힘은 유형의 자산이 아닌 무형의 자산에서 답을 찾은 결과라고 본다. 우리 지역에서도 그러한 창조적인 스토리텔링 발굴을 통해 우리 지역만의 독창성 있는 콘텐츠를 발굴할 수 있지 않을까 생각해 봐야 한다.

안동 지역처럼 우리 지역에서도
독창적으로 팔 수 있는 상품을 만들고 찾아보세요.

사례3. 빼빼로데이와 합격사과

11월 11일 하면 생각나는 것이 있는가? 대부분 빼빼로데이를 떠올릴 것이다. 그렇다. 빼빼로데이(11월 11일)에는 엄청난 빼빼로가 팔린다. 제과사들은 별로 광고도 하지 않는다. 그럼에도 불구하고 이날 주고받는 빼빼로로 인해 엄청난 이익을 얻고 있다. 물론 빼빼로데이라는 것이 자본주의의 천박함이라는 비난을 받기도 하지만 제과사 입장에서는 회사를 먹여 살리는 가치가 창출된 것은 명백하다. 이 빼빼로데이의 유래에 대해서는, 제과사에서 시작했다는 설, 또는 영남 지역의 학생들 사이에서 유래되었다는 설이 있는데 아무튼 누군가는 아무런 생각 없이 본 11월 11일을 빼빼로와 관련이 있다고 보았고 거기서 의미를 찾아냈다는 것이다. 이처럼 아무 생각 없이 무심코 지나칠 수 있는 일에서 의미를 찾게 되면 엄청난 결과를 만들 수 있다.

사과농사를 많이 짓는 일본의 아오모리 현에 태풍이 불었을 때의 일이다. 엄청난 태풍에 의해 농가 90%의 사과들이 떨어져 버려서 실망이 이만저만이 아니었다. 땅에 떨어진 사과는 상품으로서의 가치가 전무했다. 그때 한 농부는 자신의 사과나무에 떨어지지 않는 사과들을 보았다. 그는 그 떨어지지 않은 사과들을 곱게 포장해서 '합격사과'라는 이름을 붙여 백화점에 내놓았다. '태풍에도 떨어지지 않은 사과, 여러분의 합격을 보장합니다!' 이렇게 탄생한 합격사과는 보통 사과보다 10배의 비싼 가격에도 날개 돋친 듯 팔려 나갔다. 절망적인 상황에서도 창의적인 생각으로 결과를 만든 것이다.

우리 지역의 위기를 기회로 바꿀 수 있는 소재를 적어보세요.

사례4. 운동화 한 켤레 기증

운동화를 한 켤레를 사는데 두 켤레 값을 내라고 하면 어떤 기분이 들까? 이런 사업이 성공할 수 있을까? 분명히 다 망한다고 생각할 것이다. 그러나 보기 좋게 성공한 사업가가 있다. 블레이크 마이코스키라는 미국 청년이 아르헨티나 여행을 하다가 많은 아르헨티나의 어린이들이 맨발로 다니는 것을 보고 한 켤레가 팔릴 때마다 한 켤레를 가난과 질병으로 고통받는 어린이들에게 기증하는 아이디어를 떠올렸다고 한다. 이 아이디어를 가지고 친구들에게 물어보니 모두들 망한다고 했다. 그러나 그는 과감히 시도했고 보기 좋게 성공했다. 탐스^{Toms} 슈즈 기업 이야기이다. 최근 우리나라에서도 재고가 없을 정도로 인기 폭발이라고 한다.

이 밖에도 고정관념을 깨서 성공한 사례는 무수히 많다. 스스로 느끼고 성찰해야 한다. 핵심은 남들과 같은 시각으로 보아서는 안 된다는 것이다. 자신만의 독특한 시각을 찾아라. 마음으로 보아라. 새로운 가치는 바로 여기서 탄생한다. 위대한 창조적 스토리텔링은 남다른 시각에서 새로운 재미를 부여하는 것에서 탄생한다.

탐스(Toms) 슈즈 기업처럼 어려운 이웃을 도우면서
수익이 될 수 있는 창조적 스토리텔링을 만들어보세요.

창조적 아이디어의 원천은 '독서'

우리가 어떤 일을 성공시키는 기본적인 힘은 아이디어에서 나온다고 할 수 있다. 그렇다면 아이디어는 어떻게 하면 만들어질 수 있을까? 그건 바로 '독서'를 통해서 가능하다고 생각한다.

어떠한 일을 만드는 기본적인 힘은 아이디어에서 나온다고 할 수 있는데 아이디어는 '경험'에 의해서 만들어진다. 경험은 직접경험과 간접경험의 두 가지가 있다. 직접경험은 사물을 보고, 만지고, 느끼는 것을 말한다. 경험 중에 가장 좋은 경험은 직접경험인데 여기엔 시간과 경제적 비용이 많이 필요하다. 간접경험은 직접경험보다 짧은 시간에 많은 경험을 쌓을 수 있다는 장점이 있다. 여러 종류의 간접경험이 있지만 나는 책을 우선으로 생각한다.

바로 책 읽기가 내 인생의 큰 전환점을 맞이한 또 하나의 계기가 되었기 때문이다.

큰아들이 고등학생 때의 일이다. 나는 아들에게 책을 건네며 읽으라고 했다. 며칠 뒤 아들에게 물어봤다.

"책 다 봤니?"
"네."
"내용이 어떠하든?"
"좋던데요."
"그러니까 어떻게 좋은지?"
"좋긴 좋은데 뭐라 딱히… 기억이 잘 나지 않습니다."

그렇다. 우리는 책을 다 읽고 나서 기억에 남지 않는 경우가 대부분이다. 그 이유는 책을 읽을 때 스토리를 보지 않고 글자를 읽었기 때문이다. 책은 스토리를 볼 줄 알아야 한다. 책 한 권 속에 들어있는 스토리에는 저자의 경험이 담겨 있다. 어떤 저자는 평생의 경험을 책 속에 담는다. 전문서적은 10년에서 20년의 실험과 경험을 바탕으로 한 스토리가 담아져 있다. 책 한 권을 전념해서 읽을 경우 빠르면 하루 정도면 다 읽을 수 있다. 자기 할 일을 다 하면서도 일주일 정도면 책 한 권 정도는 읽을 수 있다. 그렇다면 우리는 단순히 책을 읽은 것이 아니라, 그 책 속에 들어 있는 저자의 20년, 30년 또는 평생의 경험과 노하우를 단 하루 만에 또는 단 일주일 만에 우리의 머리와 가슴에 넣을 수 있는 것이다. 많은 사람들의 경험이 담겨 있는 책을 얼마나 많이 읽느냐에 따라서 많은 경험을 체득할 수 있게 될 것이다. 이렇게 만들어진 경험들은 나의 아이디어가 되고, 그 아이디어는 무궁무진하게 쏟아져서 나올 것이다. 책은 경험과 아이디어의 무한한 보고寶庫이다. 책 읽기는 처음에는 씨앗처럼 아주 작지만 계속 품고 있다 보면 보이지 않는 곳에서 조금씩 싹을 틔운다. 그 싹이 자라게 되면 세상 구석구석을 밝히는 등불이 될 것이다.

나는 늦은 나이에 야간대학에 가기 전까지는 1년에 책 한 권 제대로 읽지를 못했다. 하지만 책을 보다 보니, 어느 날 책 속에 길이 있음을 절실하게 느끼게 되었고, 이

후부터는 손에서 책을 놓는 날이 거의 없었다.

광화문역 계단을 오르내리다 보면 '사람은 책을 만들고 책은 사람을 만든다.'라는 돌에 새겨진 문구를 볼 수 있을 것이다. 그것은 교보문고의 창립자이신 '신용호 회장' 자체를 대변해 주는 말이기도 하다. 신 회장은 잦은 병치레 때문에 학교 문턱도 가보지 못했고, 친구들이 초등학교 4학년 되던 해에 뒤늦게 학교에 입학하려 했지만 나이가 너무 많고 이미 정원이 찼다는 이유로 거절당했다고 한다. 정규 교육도 제대로 받지 못한 그는 '1000일 독서'를 생각하게 되었고, 3년 동안 도서관이나 주변 지인들에게 빌린 책을 읽으면서 또래 친구들이 미처 깨닫지 못한 차원이 다른 지혜를 체득할 수 있었다고 한다. 독서는 그에게 스승이자, 정신적 지주였으며, 아이디어의 산물이었다. 그렇게 독서를 통해서 깨우친 통찰력으로 24세에 중국에서 곡물회사를 시작했고, 41세에 세계 최초의 교육 보험 회사를 세우고, 64세에 세계 최대 서점인 교보문고를 설립할 수 있었다.

교보생명의 '진학보험'은 전쟁 후 궁핍한 한국 사회에 연간 10만여 명의 학생들이 입학금과 학자금을 마련하여 공부할 수 있도록 해줬고, 그 인재들이 한국 경제개발의 주역이 되었다. 신용호 회장은 그 공로를 인정받아 보험 업계의 노벨상인 '세계보험대상'을 수상하기도 했다. 그가 수많은 수익 사업 제안을 물리치고, 서울 종로의 황금 상권에 교보생명 사옥을 짓고 그 사옥에서도 가장 입지적 조건이 좋은 지하 1층에 교보문고 본점을 개장한 것은 그의 창립 이념이었던 '국민교육진흥'의 소신을 지켜낸 선택이었다. 마땅한 지하자원 하나 없는 나라에서 '사람이 곧 자원이다.'라는 것을 직시하고 현재까지 창업주의 인재 육성 신념을 실천하고 있다.

다양한 분야의 책들을 깊이 있게 읽다 보면 뭔가를 '보는 눈'을 가지게 되고, 사고의 확장을 이룰 수 있다. 책은 지식의 원천이며 마음의 양식이라고 하지 않던가! 그만큼 책 읽기가 중요하다. 일상에 젖어 무뎌진 우리의 감각은 책을 읽다 보면 자연스럽게 일깨워지는 경우가 많다. 독서경영을 통해 회사를 지속적으로 성장시키는 상당수의 CEO들은 말한다. 창조적 아이디어의 원천은 독서라고….

"하버드 졸업장보다 더욱 소중한 것이 독서하는 습관"이라고 말한 빌 게이츠처럼 훌륭한 독서가가 되지 않고는 참다운 지식과 아이디어가 나오기 쉽지 않다. 영화감독인 스티븐 스필버그 역시 대단한 독서광이었다. 그는 드림웍스 본사에 직원용 도서관을 웬만한 대학도서관 못지않게 꾸며놓았다. 창의력과 상상력의 원천이 책에 있음을 어느 누구보다 잘 알고 있기 때문이다. 우리나라 축구를 월드컵 4강에 올려놓은 거스 히딩크 감독 역시 대단한 독서광이다. 그는 소설과 역사책을 무척 즐긴다고 한다. 처음 국가대표팀을 이끌고 유럽 전지훈련에 나섰을 당시 코치들은 책만 잔뜩 들어 있는 히딩크의 가방을 보고 놀랐다고 한다. 월드컵 직전에도 스포츠 심리학 관련 서적을 집중적으로 읽으면서 상대팀에 대해 치밀하게 준비했다고 한다.

국내 1위 계란 유통기업인 주식회사 〈조인〉의 한재권 회장은 초등학교 졸업이 정규 학력의 전부라고 한다. 이

회사는 전국의 주요 농장에서 하루 수백만 개의 계란을 생산해 대기업과 대형마트에 주로 공급하고 있다. 흥미로운 것은 그가 숱한 한계를 극복하고 우뚝 선 비법으로 밝힌 것이 '독서의 힘'이라는 사실이다.

마흔이 될 때까지 직접 트럭을 운전하며 전국을 누비던 그는 책을 통해 새로운 인생을 살고자 운전기사를 새로 고용했고, 차량 뒷좌석을 독서실 삼아 틈나는 대로 다양한 장르의 서적을 탐독했다. 피터 드러커 박사와 이나모리 가즈오 회장의 저서는 모조리 밑줄을 쳐가며 읽고 또 읽었다고 한다. 그리고 나서 해당 부분을 자신의 회사 업무에 어떻게 적용할 것인지 직원들과 진지하게 토론했다고 한다. 그런 식으로 정독한 서적만 1,000권이 넘는다고 한다. 이런 노력의 결과인지 2010년에 매출 1,000억 원을 넘는 '기적'이 찾아왔고, 다시 4년 만에 그 배가 되었다고 한다.

한국 미용업계의 최강자인 〈준오헤어〉의 강윤선 대표 역시 자신의 비밀병기 또한 '독서'라고 밝혔다. 대학 진학은 꿈도 꾸지 못한 채 기술고등학교 졸업 후 미용실을 연

그는 책에서 인생과 경영을 배워 종업원 5명의 동네 미용실을 세계적 헤어 그룹 웰라가 뽑은 '세계 10대 미용 기업'으로 만들었다. 그는 "독서를 통해 생각이 깊어지면 창의적인 아이디어가 샘솟고 손놀림까지 유연해져 업무 능력도 향상된다."고 말한다.

다른 사람들에 비해 나는 독서의 즐거움을 늦게 깨달았지만 그만큼 소중함을 알기에 쉽게 책을 놓지 못하는 것 같다. 독서는 우리에게 새로운 분야의 정보를 습득할 수 있게 해주며 이를 통해 통찰력과 사고력을 키울 수 있다. 또한 생각의 폭이 넓어지고 세상을 균형 있게 바라보는 판단력이 생기게 된다. 자신만의 고정관념에서 탈피하며 다른 사람의 견해를 통해 자신의 가치관을 넓힐 수 있다. 독서라는 간접경험을 통해 다양한 사람들의 모습을 볼 수도 있고 새로운 세상이나 사상을 접하는 기회를 얻을 수도 있다. 독서를 통해 풍부한 정서와 감수성을 키울 수 있고 무엇보다 인간에 대한 이해가 깊어져 '인격 수양의 길'이 된다. 이렇듯 독서는 자신의 성장과 삶에 큰 영향을 미치며 이것이 독서가 가지는 가치라 할 수 있다.

지금 읽고 있는 책이 있다면 책 내용의 스토리를 적어보세요.

구슬이 서 말이라도 꿰어야 보배

최초로 비행기를 만든 사람은 라이트 형제이다. 라이트 형제는 처음부터 비행기를 만들려고 했던 것은 아니었다. 그러나 그들에게는 하늘을 날고 싶다는 꿈이 있었다. 그 꿈을 실현하기 위한 아이디어가 떠오를 때마다 행동으로 옮겼다. 그들은 수십 번, 수백 번, 수천 번의 실패 끝에 기적적으로 하늘을 날 수 있는 동체를 만들었다. 그 동체를 우리는 비행기라고 한다. 라이트 형제가 가졌던 꿈은 비전이다. 비전도 가지고만 있어봐야 아무 소용이 없고, 행동으로 옮겨야만 기회도 만들 수 있고 기적도 만들 수 있다. 이에 나는 "비전을 가지고 행동으로 옮기면 기적이 일어난다."의 첫 글자를 따서 비행기라는 책을 집필하여 베스트셀러가 되었다. 비행기 책은 나의 스토리를 통해 절망적 시대에서도 성공적인 삶을 살아갈 수 있는 비전을 얻을 수 있다는 메시지를 담았다. 우리는 인생을 살아가면서 많은 비전을 가지고 있지만 비전으로 끝나버리는 경우가 너무 많다. 그 이유는 행동으로 실천하지 않았기 때문일 것이다.

좋은 정보나 노하우는 누구나 얻을 수 있지만 아무나 실행할 수는 없다. '구슬이 서 말이어도 꿰어야 보배'이듯이 아무리 좋은 생각이나 계획도 실행으로 연결되지 않으면 아무 소용이 없다.

먼저 생각을 실행으로 옮기기 위해서는 결심이 필요하다. 결심이 모호하거나 추상적이면 실행을 미루거나 아예 포기하는 일이 벌어진다. 결심을 했다면 구체적으로 실행에 옮길 때이다. 무언가 하겠다고 마음을 먹으면 머뭇거리지 않고 그 자리에서 곧바로 실행하는 것이 중요하다. 이런저런 핑계를 대면서 실행을 멈추는 일이 생기지 않도록 스스로를 통제하고, 꾸준하게 유지하는 것이 결과를 만들어 낸다.

오늘이 인생의 마지막 날이라고 해도 지금과 똑같은 하루를 보내겠는가? 이러한 질문은 삶을 다시 한번 되돌아볼 수 있는 기회를 준다. 많은 사람들은 수없이 많은 아이디어와 꿈, 이상들을 가지고 삶을 살아가고 있다. 하지만 "저거, 내가 생각했던 건데"라는 말은 아무런 의미가 없다. 당신이 생각하는 수많은 아이디어들은 다른 사람들도 생각한 것이다. 핵심은 누가 실행하느냐이다. 실행하는 자가 모든 것을 소유하게 된다. 세상을 지배하는 원리는 자신의 생각을 실행하는 자가 모든 것을 소유한다는 것이다. 실행에 옮기지 못하는 이유는 셀 수 없이 많다. 하지만 중요한 것은 그럼에도 불구하고 그것을 해냈다는 사실이다.

중국의 마윈은 볼품없는 외모로 사람들에게 외면받고, 수많은 실패를 겪었다. 그럼에도 불구하고, 그는 위기를 기회로 삼아 중국 최대 전자상거래 기업 알리바바를 설립하고, 중국에서 가장 영향력 있는 기업가로 활동하고 있다. 마윈은 다음과 같이 이야기했다. "작은 비즈니스라고 하면 돈을 별로 못 번다고 이야기하고 큰 비즈니스라고 하면 돈이 없다고 한다. 그리고 새로운 걸 시도하자고 하면 경험이 없다고 하고, 전통적인 비즈니스라고 하면 어렵다고 한다. 상점을 같이 운영하자고 하면 자유가 없다고 한다. 자유를 주면 함정이라고 하고 신사업을 시작하자고 하면 전문가가 없다고 한다. 대부분의 가난한 사람들은 공통점이 있다. 희망이 없는 친구들에게 의견 듣는 것을 좋아하고 자신들은 대학교 교수보다 더 많은 생각을 하지만 장님보다 더 적은 일을 한다." 마윈의 이야기는 실행의 중요성을 다시 한번 일깨워주고 있다.

실행은 아이디어라는 씨앗을 향기 나는 장미로 만드는 과정이다. 씨앗은 어디에나 있다. 하지만 그것을 꽃으로 피우는 사람은 많지 않다. 과정이 필요하기 때문이다. 과정에는 희생, 절제, 인내와 같은 노력들이 필요하다. 그래서 실행은 성공한 자와 성공하지 못한 사람들을 분리시키는 훌륭한 도구가 된다. 행동으로 옮기지 못하는 가장 중요한 이유는 실패에 대한 두려움이다. 설령 잃는 것이 있다고 해도 그것은 내가 얻을 경험에 비하면 작은 휴지 조각에 불과하다. 경험은 돈으로 환산할 수 없을 정도로 소중하다.

우리 지역 주민자치에서 반드시 실행되어야 할 것들을 적어보세요.

새로운 도전을 위한 커다란 발견…
주민자치

 사람이 살아간다는 것은 끊임없이 꿈꾸고 치열하게 사는 일이다. 자아를 발견하고 방향성을 찾고 목적을 알고 실현해 가는 과정의 연속이다. 인생을 살아가는 데 있어 꼭 필요한 것은 내가 누구인지 내가 원하는 것이 무엇인지 알아야 한다는 것이다. 그래야 힘듦 속에서도 자신을 담금질할 수 있다. 혼자만 잘 먹고 잘살려는 사람은 조그만 이익에도 배신할 가능성이 높다. 나는 혼자만의 사리사욕과 개인만을 위한 삶이 아니라, 사사로운 것에 연연하지 않고, 세상에 나를 내놓고 세상을 바꾸는 변화의 씨앗이 되어보고자 정치에 뛰어들었다.

 나는 학연, 지연, 혈연, 정당공천 없이 2010년 6·2 지방선거 당시 광주광역시 광산구 제1선거구에서 광역시의원으로 출마했다. 고향도 아니고, 학교도 이곳에서 다니지 않았고, 친인척도 없는 곳에서 젊음의 패기와 열정 하나만 믿고 정말 열심히 뛰었다. 하지만 21.08%의 득표율과 5,356명의 지지를 받았음에도 전체 후보자 4명 중에서 2위로 떨어지고 말았다. 다행인지 몰라도, 다른 무소속 후보들보다는 지지율에서는 꽤나 앞섰고 지역의 구의원 출신 두 후보를 제치고 지역주민들로부터 많은 지지를 얻어 그나마 위안이 되었다.

당연히 모 정당을 등에 업고 공천장을 받은 후보가 당선되는 것은 굳이 말할 필요가 없다. 물론 당선만 생각한다면 공천장이 중요했지만 지역과 지역민들을 진심으로 위한다면 '정당과 상관없이 자신을 희생시킬 줄 아는 인물'이 되어야 한다고 생각했다. 그래서 나는 과감히 무소속으로 출마했고 모든 걸 혼자서 헤쳐 나가야 했다.

나는 2007년부터 광주 광산구 송정1동 주민자치위원장으로 활동하면서 발로 뛰는 생활정치의 중요성을 실감했다. 주민들이 몸으로 느끼고 공감할 수 있는 생활 속의 정책과 공약으로 쾌적한 주민 생활공간을 창출하는 게 목적이라고 생각했다.

주민자치능력이 지역발전의 핵심일 수밖에 없고 그런

의미에서 주민을 대표하는 지방의원의 소임이 막중하다고 생각한다. 하지만 선거 때만 되면 정당 공천이 폐지되어야 한다는 국민들의 우세한 여론 속에 정치권의 정당들도 할 수 없이 정당공천 폐지에 앞세워 공약을 해놓고 나서 유감스럽게 승리지상주의에 빠져 승리를 위하자는 명분아래 변화를 만들지 못하고 있다. 정당의 중심은 책임정치이다. 그러나 정당들은 권력 쟁취, 선거 승리에 너무 집착한 나머지 정당의 본질적 원리를 외면하고 국민과의 약속을 저버린다면 정당 정치의 앞날은 암울할 수밖에 없다. 그렇다 보니 국민과의 약속은 약속이 아니라고 생각하는 착각에 빠지는 것 같다. 일단 당선만 되고 보자는 논리로 후보자들은 말도 되지 않는 갖가지 공약들을 남발한다. '공약(公約)'은 말 그대로 공적인 약속이다. 즉, '국민들에게 실천하겠다는 약속'이다. 국민들은 전혀 생각지도 않거나 관심도 없는데 후보 쪽에서 자진해서 한 약속도 있고, 국민들의 요구에 마지못해 내거는 약속도 있을 것이다. 하지만 그 어떤 것이 되었든지 그것은 국민과의 약속이고, 사회에 대한 공개적인 약속이다. 그런데 아무리 공적인 약속이라도 국민과의 약속은 법적 구속력이 전혀 없다는 게 문제이다. 기필코 약속을 지키겠다는 정도로는 전혀 의미가 없다. 후보자의 약속이 각 언론사를 통해서 대대적으로 공개된다고 하더라도 그것이 계약서 같은 역할을 하는 것은 절대로 아니다. 혹시나 그 공약 때문에 유권자가 동요되고, 그로 인해 당선에 결정적인 작용을 했더라도 그것을 반드시 지켜야 할 의무는 없기 때문이다. 따라서 공약과 공약 실행 의무는 전혀 별개의 것으로 봐야 한다. 누가 봐도 전혀 지켜지지 않을 공약이라도 국민들은 혹시 몰라서 어느 정도의 기대는 가지고 있다. 결국 그것이 대국민 사기극이라고 판명되더라도 후보쪽이 손해를 볼 위험성은 거의 없기 때문에 아무 공약이나 내걸고 나서 아니면 말고 식의 행동을 하곤 한다.

국민을 대표하는 정치인의 공약은 천금 같은 무게를 가져야 한다. 나라의 주인은 국민이고, 그 국민에게 약속한 사항은 반드시 지켜져야 한다. 그 국민의 요구가 그 무엇보다도 우선시되어야 함에도 불구하고 본인들의 실리에 따라서 국민과의 약속을 손바닥 뒤집듯이 뒤집는다면 어느 국민이 믿고 따르겠는가. 다른 나라에서조차도 무시하려 들 것이다.

기초선거는 말 그대로 지방자치를 담당하는 지역일꾼을 뽑는 일이다. 기초의회 구의원이나 시의원들의 주인은 지역주민이다. 하지만 지역성이 강한 정당의 공천장을 주는 사람이 주인 역할을 하고 있다. 그러다 보니 공천장을 가지고 있는 국회의원이 주인이 됨으로써 국회의원 눈치만 보고 따라다니는 패거리 정치가 된 것이다. 따라서 지방기초의회 정당공천제는 폐지되어야 한다고 생각한다.

나는 정치를 통해서만 지역민들을 위한 일을 할 수 있는 줄 알았다. 하지만 정치인이 되지 않고서도 방법이 있다는 것을 알았다. 여러 가지 활동 중 주민자치센터에서 주민자치위원 봉사활동을 하면서 마을 도로 개통, 경제위기 해법 칼럼 게재, 문화관광 레저 콘텐츠 발굴을 통한 일자리 창출, 마을갤러리 개설, 어려운 이웃돕기 자선 경매 등 주민들에게 실질적인 도움을 주어서 주민들이 행복해하고 희망을 느낄 때 나는 너무도 감사함을 느끼고 있다. 봉사자로 활동하면서 정책 등을 제안하거나 지역의 어려운 일들을 해결할 때마다 자긍심을 느끼곤 한다. 지역주민들에 대해 관심과 애정을 더 갖게 되었고 할 일이 많이 있다는 것이 행복하다.

특히, 우리나라의 미래를 짊어져 나갈 청소년들을 위해서도 실질적으로 도움이 되는 꿈을 심어주는 역할도 하고 있다. 국민들에게 꿈을 주는 동기부여자로 활동하는 길을 하나씩 밟고 나가다 보니 사회를 변화시킬 수 있는 것을 자랑스럽게 생각하고 있다.

나의 생각창고

우리 지역 주민자치에서 반드시 실행되어야 할 것들을 적어보세요.

사회인식 변화로 위기를 기회로

이미 다가온 인구절벽 시대의 당면한 위기는 국가존폐 위기라는 불안한 예측까지 하게 한다. 연애, 결혼, 출산을 포기한 '삼포 세대'로 대변되는 인구감소 현상이다. 21세기 들어 출산율 감소 현상은 사회적 위기감을 느낄 정도로 뚜렷해졌다.

1970년대 국가 정책으로 크게 홍보됐던 것이 1가구 2자녀 갖기 운동이었다. 인구 증가 억제책으로 아들딸 구별 말고 둘만 낳아 잘 키우자는 것이 정부의 인구 억제 정책의 표어였다.

여러 가지 방법으로 콘돔 무료 보급 운동, 예비군 훈련장에서는 정관 수술 시 수술비 무료는 물론이고 예비군 훈련 면제 등 인구 증가를 억제하기 위한 대대적인 국가 정책이 행해졌었다. 그 시절에는 오늘날과 같은 현상이 발생히리라고는 전혀 예측할 수 없었다. 비약적 경제성장에 의한 선진국 진입의 문턱에서 인구감소라는 심각한 사회 현상을 유발할 줄 누가 예측했겠는가?

21세기 접어들어 지구촌 곳곳에서뿐만 아니라 우리나라에서도 결혼과 출산율이 낮아지면서 1자녀 가구가 늘어났다. 근래에는 삼포 세대가 출현하면서 인구절벽 현상이 더욱 뚜렷하게 나타나기 시작했다. 이런 인구 절벽 현상이 계속되면 2100년에는 인구가 현재의 절반으로, 2500년에는 33만 명으로 줄어든다는 삼성경제연구소의 전망도 있다. 인구절벽 현상이 경제위기를 유발할 뿐만 아니라 국가 존폐에까지 영향을 미친다는 불안감을 감지할 수 있다.

저출산의 문제점은 과거 강력한 산아 제한정책, 여성의 교육 수준 향상과 사회활동 증가, 자녀 양육에 대한 경제적인 부담 증가, 결혼 연령의 상승 및 미혼 인구의 증가, 자녀에 대한 가치관의 변화 등으로 볼 수 있다. 특히 저출산의 해결방안을 뽑으라 하면 일자리와 경제적 문제를 가장 먼저 꼽는다.

저출산 문제의 해법은 일자리와 경제적 능력 부족 측면에서만 접근하는 것이 아니라 사회의 인식변화에서 답을 찾아야 할 것으로 본다. 과거 우리 부모 세대는 일자리가 많아서 자녀를 많이 낳은 것이 아니다. 우리의 할아버지 세대는 '자기 밥그릇은 자기가 가지고 태어난다.'라는 사회인식을 하고 있었고 우리의 부모 세대에서는 '하나 낳아 잘 키우자. 무자식이 상팔자다.'라는 사회인식을 하고 있었다. 지금 우리 세대는 어려서부터 출산을 하지 않아야 한다는 부정적인 인식을 가지고 있기 때문에 지금의 인구절벽의 현상이 나타난 것이라고 생각한다.

심각한 인구절벽 현상의 타개를 위한 획기적 출산장려 정책은 사회적인 인식 변화를 가져와야 할 것이라고 생각한다. 인구 증가는 국가적으로 매우 중요하다. 국가적 차원뿐만 아니라 민간 차원에서도 함께 협력해야 할 사회문제이다.

나는 2007년 한국청년회의소 송정JC회장 때 지역의 산부인과 원장과 저출산으로 인한 경영난을 이야기하는 과정에서 출산장려에 관해 아이디어를 제안했다. 산부인과를 홍보할 수 있는 방법이기도 했는데 지자체가 주최하고 송정JC가 주관, 산부인과에서 후원하여 출산장려 캠페인을 한 것이다. 그때 캠페인으로 끝나는 것이 아니고 실천하는 차원에서 큰아들과 14살 차이, 둘째 아들과는 12살 차이의 셋째 딸을 출산하였다. 또한 행정안전부장관으로부터 표창을 받기도 했다.

인구절벽 고령화 사회에 내가 생각하는 대응 방안을 적어보세요.

국가경쟁력의 새로운 성장동력 '문화콘텐츠'가 답이다

　과거에는 국력의 지표가 국방력과 경제력이었지만, 오늘날은 문화가 국력의 중요한 지표로 떠오르고 있다. 가수 싸이가 불렀던 '강남스타일'과 BTS의 k-pop이 전 세계적으로 얼마나 큰 영향력과 경제적인 효과를 거두었던가? 문화적 가치가 국가 브랜드를 높여주며 국가를 부강하게 만든다. 따라서 시대적 변화에 대응하기 위해서는 문화산업을 다양하게 육성해야 할 것이다.

　다양한 문화콘텐츠를 개발하여 문화력이 강한 지방자치를 실현하고, 경제적으로도 발전해 나갈 수 있는 창의적인 아이디어로 문화콘텐츠를 만들고자, 주민자치센터에 '마을 갤러리'를 만들어 주민들의 문화적 수준과 주민 삶의 질을 향상시키고 문화 발전에 이바지하고자 제안하였다.

주민자치센터는 행정안전부(기존 행정자치부)의 읍·면·동 기능 전환 기본계획에 따라 동사무소의 기능을 전환하여 우리 생활의 가장 가까운 행정 서비스를 받을 수 있는 공공기관이라고 할 수 있다. 주민자치센터는 민원과 복지를 중심으로 각종 문화행사와 편익시설과 프로그램을 운영하고 있다. 마을 갤러리 사업은 주민자치센터의 특성에 적합한 사업으로 지역적 특성을 살리고, 지역 경제 활성화에 기여하고자 기획하였다.

　주민자치센터의 '마을 갤러리'는 주민자치센터 청사의 비어 있는 벽을 다양한 문화(그림, 서예, 시, 사진 등) 전시회를 할 수 있는 공간으로 활용한 것이다. 청사 외벽에는 마을 갤러리 간판을 설치하고 현수막 거치대를 만들어 전시회를 홍보할 수 있게 하였고, 누구나 대관할 수 있으며, 사용료는 1일 1만 원으로 주민자치위원회에 후원금 명목으로 후원하고 이용할 수 있다. 또한, 모여든 후원금은 다시 지역의 어려운 이웃을 위해 사회복지기금으로 사용하고 있다.

　'마을 갤러리'는 개인, 단체, 기업체(학원, 유치원, 병원, 식당) 등 누구나 참여할 수 있다. 예를 들어, 어린이집에서는 작품전시, 병원에서는 의료봉사 사진전, 식당 대표는 서예전 등 다양한 작품전을 열 수 있다. 주민자치센터 청사 외벽에는 사업장 또는 개인을 홍보할 수 있고, 저렴한 비용으로 전시회를 할 수 있으므로 전시를 하는 개인 또는 사업장에서 가성비 높은 광고 효과를 볼 수 있다.

또한, 교회 신도의 작품전, 어린이집의 작품전을 할 경우 전시회를 보기 위해 온 참여자들이 주변 상가를 이용함으로써 지역경제에도 도움이 될 것이다.

'마을 갤러리'사업은 주민자치센터의 비어 있는 벽 공간을 활용하기 때문에 많은 예산을 들이지 않고도 수익을 창출할 수 있다. 지역의 어려운 이웃을 위한 복지기금도 마련하고 전시를 보기 위한 관람객들이 주변 상가를 이용하기 때문에 지역경제에도 도움을 준다. 또한 마을 갤러리 문화콘텐츠가 있어 좋은 이미지를 부각시켜 지역의 브랜드 가치를 높여주게 된다.

'마을 갤러리'는 광주 광산구 송정1동 주민자치센터에서 기획하여 시범적으로 운영되고 있다. 마을 갤러리 문화콘텐츠를 통해 시민들의 문화적 수준과 주민 삶의 질이 향상되어 아시아 문화중심 도시로서의 위상을 높이고 광주 발전에 도움이 되길 바라며, 더 나아가 전국적으로 주민지치센터의 '마을 갤러리' 사업이 확산되어 문화 강국으로 발돋움되길 기대한다.

'마을 갤러리'는 기획력이 뛰어나다는 평가를 받았다. 처음 마을 갤러리를 오픈할 때는 지역 병원의 의료 봉사활동 사진전을 하여 후원을 받아 갤러리 오픈을 하였다. YTN, MBC, CMB 등 언론사들의 취재도 이어졌다. 두 번째 전시회는 지역의 작가 작품을 기증받아 전시를 하고 경매를 통해 들어온 수익금 전액을 어린이 병원비로 후원하여 방송을 타기도 하였다. 또한 지역사회의 공헌이 인정되어 구민의 상을 수상하는 기쁨도 함께하였다.

우리 지역에 자랑할 만한 문화유산을 적고 홍보방법을 적어보세요.

3장

비밀은
없다

정비공의 두 번째 글자 '비'는 비밀은 없다. 투명성을 찾고자 한 것이다. 과거에 정보가 없던 시대에는 대충 부정적으로 이득을 취하여도 잘 모르고 지나쳤지만, 지금은 인터넷 발달로 인해 정보가 중심이 되어 가치를 만들어 내는 정보화 사회로 변화됨에 따라 투명한 사회가 되어 가고 있다. 낮말은 새가 듣고 밤말은 쥐가 듣는다는 말은 비밀은 언젠가는 드러난다는 뜻이다. 이처럼 세상에 비밀은 없다. 비밀을 가지고 있지만 아무리 감추려 해도 언젠가는 드러나게 되어 있다. 사람과 사람 사이의 비밀은 언젠가는 새어 나가게 되어 있다. 너하고 나하고만 아는 비밀이라고 아무에게도 말하지 말라고 당부하지만 이 약속이 지켜지는 경우는 매우 드물다.

또한 우리는 그 비밀을 찾아내고 읽어낼 수 있어야 한다. 책 속, 문장 속에도 의미가 숨겨져 있다. 숨은 뜻을 수박 겉핥기식으로 읽어서는 좀처럼 드러나지 않는다. 읽고 또 읽어 뜻이 훤히 드러날 때까지 읽어야 한다. 대충 건성으로 훑어봐서는 속 내용이나 깊은 의미를 발견할 수 없다. 사람들은 자기의 비밀을 감추고 숨기려 하지만 결국 자기 속에 감추었던 비밀은 다 드러나기 마련이다. 아무리 양심적이고 도덕적인 사람만 모여 있다 해도 부정부패는 있기 마련이다. 결과적으로 투명하지 않는 것은 잘라내야 한다. 나무에 가지치기를 하는 이유는 튼튼한 나무가 되어 많은 열매를 맺기 위함이다. 그런데 마음이 약하여 차마 썩은 가지와 비뚤어진 가지를 잘라내지 못한다면 점차 멀쩡한 가지까지 썩어 들어가 결국 그 나무는 죽게 될 것이다.

국가와 자치단체의 주민주권이 더욱 강화되고 지방행정의 투명성이 확보되어야 한다. 정부는 획기적인 주민주권을 구현하고 자치단체의 자율성을 강화하는 한편 이에 상응하는 투명성과 책임성을 확보해 중앙과 지방의 관계를 협력적 동반자 관계로 전환하고, 새로운 시대에 걸맞는 주민중심의 지방자치를 구현해야 한다. 주민들의 역량을 강화할 수 있는 교육을 비롯한 주도적이고 다양한 정책마련이 필요하다.

　우선 먹기는 곶감이 달다고 곶감 꼬치에서 곶감을 몽땅 다 빼내 먹어치우면 남는 것이 없을뿐더러 내일의 밑천이 될 종자까지 사라질 수 있다. 당장 조금 덜 먹더라도 미래의 가치에 주목해야 한다. 눈앞의 이익에 급급해 경솔하게 행동하기보다는 미래의 가치를 위해 사려 깊은 행동을 해야 할 것이다.

나의 생각창고

우리 주민자치(위원회)회의 미래에 대한 가치는 무엇인가?

한번 엎지른 물은 다시 담을 수 없다

"한번 엎지른 물은 다시 담을 수 없다"는 이야기는 강태공과 그의 처 마씨부인 사이에서 유래했다. 집안이 궁핍했을 때에 마씨부인은 강태공을 버렸다. 얼마 후 강태공이 높은 벼슬에 오르자 염치 불구하고 찾아가 자신을 다시 아내로 받아달라고 사정했다. 그러자 강태공이 "물을 쏟은 다음 다시 담을 수 있으면 아내로 맞이하겠다."라고 대답했다는 이야기이다. 살다 보면 좋을 때도 있고 괴로울 때도 있지만 늘 기본적인 항심(변함없이 늘 지니고 있는 떳떳한 마음)을 가져야 한다. 좋을 때는 쾌재를 부르다가 괴로울 때는 그것을 감내하지 못한다. 즉흥적이고, 참을성 없는 사람은 어디를 가도 환영받지 못하고 불행만 자초할 뿐이다.

약삭빠른 것은 다시 말하면 원칙이 없는 태도이다. 굳이 원칙이 있다면 기회주의가 원칙이라고나 할까. 교묘하거나 약삭빠른 행위는 많은 사람들에게 피해를 준다. 이런 행위를 스스럼없이 하는 사람들은 일시적으로 남에게 도움을 준다 해도, 수시로 변하는 변덕스런 마음 때문에 결과적으로는 상대에게 예상치 못한 피해를 끼치기 십상이다. 그럴 바에는 차라리 서투르고 우직한 사람이 더 나을 수 있다. 교묘하거나 약삭빠른 것보다는 차라리 더 낫고, 더 믿음이 간다. 적어도 그런 사람에게는 일관성이 있다. 그리고 그 사람의 행동을 예측할 수 있다. 서투른 사람이나 우직한 사람은 다른 사람에게 도움을 줄지언정 피해는 입히지 않는다.

정직한 사람은 평소에 사소한 손해를 볼 수 있지만, 결정적으로 곤경에 처했을 때에는 평소의 정직함에 힘입어 살아남을 수 있다는 역설적인 말이다. 언뜻 들었을 때는 쉽사리 이해되지 않는 이야기일 수도 있지만 곰곰이 생각해 보면 의외로 쉽게 이해된다. 조금 손해 본다는 차원에서 정직해야 된다. 거짓말을 해서 작은 이득을 취한들 무슨 득이 있겠는가. 소탐대실일 뿐이다. 차라리 정직해서 조금 손해 보는 것이 낫다 그러다 보면 결정적인 곤경에 처했을 때 정직이 말없이 곁에서 지켜줄 것이다. 아니 크게 발전시켜 줄 것이다.

정직을 바탕으로 구멍가게에서 대기업으로 우뚝 선 한 그룹의 이야기이다. 웬만한 기업이라면 대부분 이중장부를 가지고 있던 시절에 그 회사의 사장은 사업 초기부터 정직하게 투명경영을 했다. 그러던 어느 날 IMF 외환위기가 닥쳐 은행들이 기업에 빌려준 돈들을 회수하기 시작했고, 그 회사도 예외가 아니어서 자금 사정이 점점 어려워져 결국 부도 직전까지 갔다. 그렇게 곤경에 처해 있을 때 갑자기 외국에서 투자자가 나타나 엄청난 돈을 한국에 투자하려고 하였다. 그러나 대다수의 한국 기업들이 이중장부를 가지고 있고, 경영상태가 불투명해 마땅한 투자처를 찾을 수 없었다. 그런데 그 회사만 정직하게 투명경영을 하고 있었다. 결국 그 회사가 투자를 받을 수 있었다. 덕분에 위기를 넘겼을 뿐만 아니라, 자금 부족으로 망해가는 회사들까지 인수해 지금은 크고 안정적인 그룹이 되었다. 이처럼 정직은 우직하고 느리고 외로워 보여 언제나 우리에게 손해를 끼치는 것 같지만, 결정적인 순간에는 우리네 인생에서 가장 믿음직한 친구가 될 것이다.

나의 생각창고

우리 주민자치에서 지켜야 할 원칙이 무엇인가?

성공의 열쇠는 정직함

위대한 성공을 이룬 사람들의 한결같은 공통점은 정직
함이다. 일반적으로 사람들은 성공한 사람들은 부지런하
고 운도 따랐다고 생각한다. 그러나 그것이 전부가 아니
다. 그들은 신용을 목숨처럼 생각하고 지킴으로써 사람들
로부터 믿을 수 있는 사람이라는 호평을 얻었고, 그 결과
지금의 성공을 가져오게 되었다. 다음의 한 일화가 그것
을 잘 말해주고 있다.

한국전쟁이 한창이던 1951년 1월, 모든 사람들이 또다
시 피난길에 오르고 있었다. 서울 시내는 피난길을 떠나
는 사람들로 아수라장이 되었고, 사람들은 한시라도 빨리
안전한 지역으로 가기 위해 발길을 재촉하고 있었다. 그
런데 그 어지러운 상황 속에서도 한 사나이가 가방을 든

채 은행으로 바삐 들어가고 있었다. "여기 빌린 돈을 갚으러 왔습니다."사나이가 서류가방을 열면서 말했다.

"빌린 돈을 갚겠다고요? 이 난리통에? 대출 장부가 어디에 있는지도 모릅니다. 당신의 대출 장부도 분실되었을 것이 틀림없어요." 사나이는 잠시 어떻게 할까 망설였다. '지금 내가 빚을 갚아도 그 돈이 이 사람들의 주머니에 들어간다는 보장이 없지 않은가?' 그러나 그는 여러 가지 생각을 거듭한 끝에 기어이 빚을 갚기로 결심했다. 사나이는 은행원들에게 빚을 갚겠다고 말하고는 그 대신 그 영수증에 그 은행원들의 도장을 찍어줄 것을 요청했다.

얼마 후 또다시 급하게 융자가 필요해진 그는 부산으로 잠시 자리를 옮긴 은행본점을 찾았다. 그러나 전쟁이라는 특수한 상황 때문에 대출신청은 거절당하고 말았다. 그는 대출받기를 포기한 채 은행 문을 나서다가 문득, 자신이 서울에서 갚은 빚이 잘 정리되었는지 알아봐야겠다는 생각이 들었다.

그래서 예전에 받은 영수증을 꺼내서 대출담당과장에

게 보어주었다. 그런데 이 한 장의 영수증이 모든 상황을 바꾸어 놓았다. 그는 이 영수증으로 자신의 신용을 증명할 수 있었고, 그렇게 해서 융자를 대출받을 수 있었던 것이다.

그는 대출받은 자금과 신용을 바탕으로 몇 가지 사업을 성공적으로 이뤄냈고, 그것을 통해 자본을 축적할 수 있었다. 그리고 그것을 바탕으로 한국유리 주식회사를 설립했다. '정직함'으로 크나큰 일을 해낸 '그'는 바로 한국유리 주식회사의 설립자 최태섭 회장이다. 그를 사업가로 다시 일어서게 만든 자본은 바로 그의 정직함이 만들어낸 결과였다.

사업을 하는 사람이 법의 태두리 안에서 정직하게 사는 사람을 보고 우리는 '바보'라고 한다. 이들이 가는 길은 결코 빠르지 않다. 답답하다. 하지만 신뢰를 얻기 때문에 큰 위험을 방지하고 결과적으로는 더 많은 것을 얻게 된다. 최소한 정직하고 진실한 사람의 삶은 평온하다. 그리고 시간이 흐를수록 지켜온 신념이 빛을 발한다.

비즈니스에서 '정직'은 매우 중요한 잣대다. 신뢰를 주지 못하는 사람의 말은 의심하게 되고 매번 확인 절차를 거쳐야 한다. 어쩔 수 없는 상황에서야 마주치겠지만 지속적인 관계를 맺는 대상에서는 제외된다. 반면 신뢰가 쌓인 관계라면 그 사람만 보고도 회사를 믿을 수 있다.

중요한 일을 믿고 맡기거나 사업 파트너로 선택하는 데 주저함이 없다. 게다가 주위의 사람들에게 '정직하고 진실한 사람'이라고 인정을 받게 되면 생각지도 못한 행운이 찾아온다. 주변 사람들의 추천으로 좋은 기회가 생기는 것이다. 평소 '믿을 만한 사람'이라고 인정받았기 때문에 가능한 일이다.

최고자산인 신용자본을 쌓는 것은 장기간이 소요된다. 최태섭 회장과 같은 단기적 손해를 감수하면서 장기적 이익을 추구할 수 있는 진짜 욕심쟁이가 많이 나왔으면 하는 바람이다. 정직함으로 무장한 신용 있는 사람들이 운영하는 기업문화가 바람직한 선진국 비즈니스의 표본이며 흔들리지 않는 세계 제일의 경제대국을 이루는 척도이기 때문이다.

성공의 열쇠는 정직함에서 나온다는 것에 대한
느낌과 소감을 적어보세요.

경제 위기 그 해법은?

　내수 경기가 장기적으로 침체되면서 소비심리는 더욱 악화되어 경제적 불안 요인이 심각하다. 지금 대한민국은 총체적으로 성장 동력과 방향을 잃어버리고 표류하고 있다. 이러한 원인은 국가를 경영하고 있는 지도자들의 경제정책이 시대적 변화에 능동적으로 대응하지 못하였기 때문이라고 생각한다. 따라서 나는 경제 위기를 극복하기 위한 구체적이고 실천적인 방법론으로 경제정책을 제안하여 대한민국이 경제 강국으로 성장하길 바란다.

　경제 위기를 극복하기 위해서는 제일 먼저 고용이 확대되어야 한다. 고용이 확대되어야 노동소득이 증가하고, 노동소득이 증가하면 소비가 증가하고, 소비가 증가하면 생산도 증가하고, 생산이 증가함으로써 고용이 확대된다. 따라서 경제 선순환 모델이 창조되어야 한다.

하지만 현재 우리나라는 불행하게도 근로자를 위한 일자리가 없어 사상 최대 실업률을 기록하고 있다. 통계청이 발표한 고용 동향에 따르면 우리나라의 실업자 수가 100만 명이 넘는 것으로 기록하고 있다. 하지만 중소기업, 생산직, 서비스 업종에서는 일할 사람이 부족하여 외국인 근로자 없이는 운영을 못 할 정도로 구인난에 허덕이고 있다. 현재 우리나라 실업자가 100만 명이 넘고, 우리나라에서 근무하고 있는 외국인 근로자가 100만 명이 넘는 것으로 파악되고 있는 실정이다. 따라서 우리나라 실업자 100만 명의 실업으로 인한 소비 활동 중단과 더불어 외국인 근로자들의 근로소득이 국내에서 소비되지 않고 외국으로 빠져나간다. 결과적으로 국내 소비가 줄어들면서 생산이 줄어들고, 생산이 줄어들면서 고용이 줄어듦으로써 경제 악순환이 되고 있다. 우리나라 실업자 100만 명과 외국인 근로자 100만 명을 합쳐 200만 명의 비경제 활동으로 인해 우리 경제는 악순환의 연속이다.

과거 우리 국민은 전 세계적으로 근면·성실하며 업무 능력이 뛰어나고 가장 부지런한 위대한 국민성을 가지고 있었다. 우리의 일자리가 줄어들고 외국인 일자리가 늘어난 원인은 여러 가지 이유가 있겠지만 가장 큰 원인은 국민기초생활보장제도의 부작용으로 발생한 것이라고 생각을 해본다. 국민기초생활보장제도는 1997년 말 외환 위기로 인해 대량 실업으로 생활 유지 능력이 없거나 생활이 어려운 국민에게 최저생활을 보장하고 자활을 조성하는 것을 목적으로 국민의 헌법적인 권리를 보장하기 위한 복지 정책이다. 하지만 표면적인 결과로는 성공적이라 할 수 있지만, 노동시장의 경직성과 자활 사업의 한계점을 드러내고 아직 우리나라의 환경에 적합한 복지정책으로 정립하지 못한 것이라 평가할 수 있다.

보건복지부 통계자료에 의하면 우리나라 기초생활보장 수급자 인구는 약 165만 명이고, 2020년 기준 1인 가구 기초생활보장 수급자 생계급여가 527,158원이 지급되고 있다. 근로 능력이 가능할 것으로 보이는 생애주기별 수급자 비율은 청 중년기가 약 43%로 나타나고 있다.

국민기초생활보장제도의 부작용은 기초생활보장 수급자가 취업을 하게 되면 기초생활 수급권에서 탈락시키는 제도 때문에 안정적인 일자리를 찾는 데 소극적이거나 취업을 포기하고 현행 제도에 안주하려는 습성을 가지게 된다는 것이다. 기초생활보장 수급자의 경우 직업 능력이 대부분 최저임금 수준이다. 따라서 일용직으로 10여 일 정도 일하면 약 100만 원의 일용직 수입과 기초생활 수급비 약 50만 원을 받아서 최저임금 수준이 되기 때문에 취업을 해야 할 필요성을 느끼지 못하고 있다. 따라서 기초생활 수급을 받고 있는 저소득층에서 맡아야 할 일자리를 외국인 근로자가 차지하고 있는 것은 제도적인 부작용이라고 볼 수 있다. 국민기초생활보장제도의 개선방안을 제시해야 한다. 기초생활보장 수급자가 취업을 하면 수급자에서 탈락되는데, 반대로 취업이 이루어진 이후에도 일정 기간 기초생활 수급권을 유지시켜 주고 생계급여를 지속적으로 지급하는 것이 바람직한 경제 성장과 고용 창출의 정책 대안이 될 것이라고 생각한다.

이처럼 경제정책이 개선된다면 정부는 기초생활보장 수급자 관련 복지예산을 절감시키는 효과를 기대할 수 있다. 왜냐하면 기존 기초생활보장 수급자들이 취업을 하지 않고 있더라도, 국가는 기초생활보장 수급자에게 어차피 수급비 등을 지급해야 하기 때문에 그들이 취업을 성공한 이후에도 일정기간 수급비를 지급한다 하여 예산을 더 증

액할 필요가 없다. 따라서 일정 기간(약 3년 정도)후부터 수급비를 조금씩 줄여간다면 오히려 예산 절감 효과가 있을 것이다.

기초생활보장 수급자는 고용 유지에 대한 불안감으로부터 벗어나 일에 더욱 집중할 수 있어 직업 능력이 향상되고 장기근속을 통한 급여 및 수당 등이 인상될 뿐만 아니라 빠른 기간 내에 자립할 수 있어 안정적인 생활을 하게 될 것이다. 따라서 저소득층에서 중위소득층으로 올라감으로써 기초생활보장 수급자에서 벗어날 수 있다. 따라서 2년, 3년 후부터 저소득층에 지원해주던 예산을 점차적으로 줄이게 되면 국가는 예산을 절감시키는 효과가 있을 것이다.

결과적으로 고용창출 성과와 직업능력이 향상됨으로 기초생활 수급자는 저소득층에서 중위소득층으로 발전됨으로 삶의 질이 향상되고, 기업은 고용이 용이하므로 경제적 성과를 만들 것이고, 정부는 예산을 줄일 수 있어, 줄어든 예산으로 또 다른 복지예산을 늘릴 수 있다. 또한 외국인 근로자는 전문직 외에는 자연스럽게 떠나게 됨으로써 선순환 경제시스템이 만들어질 것이다.

기초생활수급자 지원 정책 개선 방안은 경제 위기를 극복하기 위한 구체적이고 실천적인 방법이라고 생각한다. 정부, 기업, 개인 모두에게 이득이 되는 경제 정책이 선행됨으로써 경제 위기를 극복하고, 각종 범죄를 줄일 수 있고, 국민들의 행복지수는 올라갈 것이다. 따라서 경제 위기 극복을 위한 정책 제안을 통해 21세기를 주도할 선진국가로 발돋움할 것을 기대한다.

경제 정책제언에 대한 내용을 읽으신 소감을 적어보세요.

4장

공짜는
없다

정비공의 세 번째 글자 '공'은 공짜는 없다. 공정성을 찾고자 한 것이다. 옛 속담에 공짜라면 양잿물도 먹는다는 속담이 있다. 죽을 줄 알면서도 양잿물을 먹는다는 어리석은 욕심을 표현한 말이다. 주민자치는 많은 예산으로 운영되어지고 있다. 특히 주민자치사업은 진행함에 있어서 미래를 내다보고 진행되어야 한다. 예산으로 쓰이는 돈, 많은 사람들은 그 돈을 무슨 돈이라고 하는가? 바로 '눈먼 돈'이라고 한다. 우리는 다시 생각해 봐야 하지 않을까. 그게 왜 눈먼 돈일까? 우리 호주머니에서 나온 돈, 세금인데 그 날짜까지 사용하지 않으면 반납하여야 하는 돈, 그 돈 반납하지 않으면 안 되는 것인가. 2년 후 3년 후 추가적인 예산이 들어가지 않고도 자생해서 움직일 수 있는 사업인지 다시 한번 점검하고 진행을 한다면 많은 예산을 줄일 수 있지 않을까 생각한다. 그리고 주민자치를 예산으로만 운영하려고 하는 부분은 자제해야 한다. 말 그대로 자치自治는 스스로 다스리고 관리하는 것이다. 꼭 예산으로 해결하기보다는 스스로 해결하려는 노력이 필요하다.

공정한 사회는 누구나 원한다. 기울어진 운동장의 땅을 편평하게 다듬는 것은 그 운동장을 뛰어가야 할 우리 자신뿐만 아니라, 자손들에게도 영향을 미치게 된다. 그러한 평탄작업은 이 사회가 그리고 제도가 감당해야 할 몫이다.

지역공동체를 비롯한 시민사회는 공정성을 어떻게 실현해 나가느냐가 중요하다. 구성원들이 공동체 정신을 내면화하지 않는다면 소수 주민들이 사적인 이익이나 집단이익을 공공의 보편적 이익보다 앞세우는 집단이기주의의 모습을 보일 수 있다. 실질적인 주민대표기구로 거듭나기 위해서는 공정성을 실현해 나가야 한다.

세상이 공정하지 못하면 각종 부패가 만연하고, 부정부패로 인한 엄청난 사회적 비용이 발생하게 된다. 기득권자가 제도적 공정성을 훼손하는 행위를 할 때 대중들은 특권, 특혜, 불공정 등을 비난하면서 바로잡기를 요구하게 된다.

나의 생각창고

주민자치에서 운영되고 있는 사업 중 2년 후 추가로 예산이
지원되지 않으면 중단될 사업을 모두 적고, 대안을 적어보세요.

투명하게 소통하라!

자신이 한 일에 대해 알 수 없는 기준으로 평가받고 부당하게 처우받는 걸 좋아하는 사람은 어떤 세대를 통틀어도 찾아보기 어렵다. 과거에는 한 사람이 입사한 회사에서 정년을 맞이했다. 한 직장에서 10년, 20년씩 근속한 직원들에게 자긍심도 있었다. 입사 초기에는 제대로 평가받지 못했다 하더라도 그 노력들이 쌓여 언젠가 중간관리자가 되거나 그 이상의 지위에 오르면 지금까지의 수고를 보상받으리라는 믿음이 있었다.

그러나 시대가 달라진 지금, 요즘 2030세대는 현재를 희생하는 세대가 아니다. 그들은 스스로가 입사한 회사에서 정년을 맞이할 것이라고 생각하지 않는다. 성장과 발전을 위해 더 나은 곳이 있다면 이직하는 것이 당연하다고 생각한다. 그렇기에 10년 후, 20년 후의 장기적이고 불명확한 보상을 기대하기보다는 나의 업무에 대한 공정하면서도 즉각적인 '현재의 보상'을 원한다. 요즘 세대가 공정성에 훨씬 민감하게 반응하는 것은 이들이 더 야박하기 때문이 아니다. 일찍부터 시작된 경쟁과 끊임없는 평가 속에서 자라난 이들에게 공정이란 무엇보다 중요한 게임의 규칙일 것이다. 객관적인 평가를 거치며 냉엄한 입시와 그보다 더 가혹한 취업문을 뚫고 입사한 젊은이들에게 공정성은 기본적이고 당연한 가치이다.

조직을 운영하면서 모든 것을 투명하게 공개하기 어려운 여러 이유가 있을 수 있다. 이때 많은 조직이 빠지는 함정이 왜 이유를 밝히기 어려운지 입을 다물고 논란 자체를 덮어버리려고 하는 것이다. 이렇게 정보를 통제한다고 해서 구성원들이 아무 것도 모르는 시대는 지났다. 다양한 외부 통로 및 네트워크를 통해 구성원들이 조직의 정보에 보다 쉽게 접근할 수 있기 때문이다. 말하기 어려운 일일수록 솔직하고 투명하게 소통해야만 서로의 오해를 줄이고 더 나은 방법을 찾을 수 있다.

우리 지역의 불공정 내용과 개선되어야 할 내용을 적어보세요.

관점을 바꾸면 인재가 보인다

사람은 서면 앉고 싶고, 앉으면 눕고 싶어 하는 존재이다. 반면 그중에는 앉고 싶어도 서 있는 사람이 있고, 눕고 싶어도 앉아 있는 사람이 있다. 보편적인 인간의 본성을 거부하는 것이다. 지금 서 있는 자신의 위치는 자신이 만든 것이다. 자신만이 자신의 선택을 하는 것이다. 가난하게 태어난 것은 내 잘못이 아니지만, 가난하게 죽는 것은 내 잘못이다.

관점을 바꾼다는 것은 쉽지는 않겠지만 어려운 일도 아니다. 문제의식을 가지느냐 못 가지느냐의 차이일 뿐이다. 그런데도 우리는 굳어져 버린 습관이나 고정관념에 빠져 기존의 관점을 바꾸지 못한다. 수많은 학습과 값비싼 대가를 치른 뒤 바꾸지 않으면 안 될 상황에 부딪혀서야 겨우 문제의식을 가지고 관점을 바꿔보려 한다. 그러나 그때쯤이면 이미 늦은 경우가 많다. 관점을 바꾸고 스스로 변화하는 데는 용기가 필요하다. 손쉽고 익숙한 것들과 결별도 결심해야 한다. 관점을 바꾸어 변화하는 것을 우리는 혁신적 이노베이션innovation이라고 한다. 기존의 제도나 방법을 개선하고 새롭게 변화해야 한다.

역사는 끊임없이 진보한다는 말이 있듯이 기존 관점에서 벗어나야 한다. 변화의 속도가 빠른 현대사회에서 혁신하지 않는 사람에게는 현상유지는커녕 퇴보만 있을 뿐이다. 그럴 바에는 두려움을 버리고 혁신을 향한 결단을 내리는 편이 훨씬 좋을 것이다.

21세기는 인재 경영의 시대이다. 정보화시대에서 어느 조직에서나 핵심 인재의 중요성은 아무리 강조해도 지나치지 않는다. 다양한 능력을 지닌 조직원들을 적재적소에 배치하고 사기를 올려 효율을 극대화시키는 것이 조직의 경쟁력이 될 것이다.

일당백이라는 말이 있듯이 주민자치 위원들의 사기를 북돋우고 고무시킴으로 조직의 성과를 향상시킬 수 있다.

주민자치위원장 또는 주민자치회 회장 혼자만의 힘으로 조직을 키우는 것은 한계가 있다. 주민자치위원들과 합심해서 이끌어나가야만 주민자치를 성장시킬 수 있다.

또한 "인재를 알맞게 쓰기가 어렵다"는 말이 있다. 내 측근만을 중심으로 생각하면 규정된 틀 속에 과제를 끼워 넣는 우를 범할 우려가 있다. 일 중심으로 생각해야 효율적인 인사를 할 수 있다. 다시 말해 좋은 인사 원칙은 일에 맞추어 그 일에 가장 적합한 사람을 배치하는 것이다. 이 원칙보다 더 중요한 것은 없다. 일단 가장 적합한 사람을 선택했으면 믿고 맡겨야 한다.

백범 김구선생은 "사람을 믿지 못하겠으면 애당초 쓰지 말고, 썼으면 무조건 믿어라"라고 말했다. 인재를 발탁해 놓고 미주알고주알 간섭을 한다면 그 인재를 발탁한 의미가 희석될 뿐만 아니라, 일하는 사람의 의욕에 찬물을 끼얹는 일이 될 것이다. 인재가 역량을 최대한 발휘할 수 있게 해주는 것이 무엇보다 중요하다. 그러면 그 인재는 최대한의 창의성과 열정을 발휘하여 맡겨진 일을 성공리에 해낼 것이다.

칭찬보다 더 좋은 격려는 없다. 칭찬은 고래도 춤추게 한다고 하지 않는가. "사나이는 자신을 알아주는 사람에게 목숨까지 바친다."는 말이 있다. 말이나 행동을 통해 자신을 북돋아주고 힘을 주는 사람에게는 말할 수 없는 고마움과 충성을 다하게 된다. 사소한 칭찬 한마디가 일에 대한 동기부여가 되고, 활력이 되며, 가치를 느끼게 되고, 더 나아가 조직원의 잠재력까지 키워준다.

주민자치위원 중 칭찬하고 싶은 사람을 적고,
왜 칭찬을 받아야 하는지 구체적으로 적어보세요.

지방자치에 바란다

우리는 민주주의의 꽃이요, 풀뿌리 민주주의라는 지방자치 시대에 살고 있다. 지방자치는 관치행정보다 더 많은 노력과 책임이 따라야 한다. 지방자치의 성패 여부는 그 지역사회의 구성원인 주민들과 새롭게 대두되는 과제들을 얼마나 효율적으로 대처하느냐에 달려 있다.

우리나라의 지방자치제는 선진국에서 채택되고 있는 주민발의, 주민소환, 주민투표제 등의 강력한 직접 참여제는 약화된 가운데 대표민주주의라는 간접자치제가 주종을 이루고 있다. 물론, 선거에 있어 투표권 행사라는 직접 참여와 청원권의 유형인 탄원, 민원 등의 참여 방법이 있긴 하지만 직접 참여는 한정되어 있는 것이 현실이다. 따라서 선출된 단체장과 의원들의 자질과 능력에 따라 자방자치의 변화가 결정된다.

모두 다 그러한 것은 아니겠지만 그동안 지방자치가 너무 지역주의에 빠져 있어서 안타까울 따름이다. 조례에 지원법이 있다고는 하지만, 아파트 단지 내에 놀이시설, 정자, 자전거 보관대 등의 시공 및 보수공사를 지방자치에서 해야 할 일인지 궁금하다. 선거 때만 되면 정치인들은 서로 본인들이 했다고 주장하는데 이 논리가 맞다면 단독주택 주민들에게도 평상이라도 하나씩 나눠줘야 하지 않을까 생각한다. 국민의 세금은 공정하고 공평하게 사용되어야 한다. 그렇다면 아파트 단지 내의 시설물은 시공회사에서 해야 할 것이다. 그것도 아니면 아파트 관리비로 해야 맞지 않겠는가? 이러한 예산을 지역 발전을 위해 제대로 사용했다면 많은 도시들이 지금보다 한층 더 발전된, 행복하고 살고 싶은 도시로 성장하지 않았을까 생각한다. 지방의회가 지역 발전을 위한 대표적인 개발 정책을 공통의제로 한두 개 정도 추진하고 나서 지역의 현안 문제 해결을 하는 것이 바람직하지 않을까 제시해 본다.

지역 발전을 위해서는 지역 이기주의와 집단 및 개인 이기주의를 버려야 한다. 지방의회가 지역 발전을 위한 대표적인 개발 정책을 공통의제로 추진하고 지역의 현안 문제를 해결하는 것이 바람직한데 너무 지역주의에 빠져 있어 안타까울 따름이다. 물론, 지역 현안도 중요하지만 선출된 단체장과 지역구 의원들이 자기 지역구의 가로등 공사, 하수구 공사, 소방도로 공사 등에 너무 집착한 나머지 보다 더 큰 틀에서 지역 발전을 위한 로드맵을 세우지 못하고 있는 것은 풀뿌리 민주주의의 본질을 잊어버린 것은 아닌지 생각해 봐야 할 문제이다.

지방자치는 선출된 단체장과 의원들의 자질과 능력에 따라 그 질이 결정된다. 풀뿌리 민주주의는 역할 분담을 통해 발전될 것이다.

우리 지역의 현안 문제와 주민자치에 바라는 것을 적어보세요.

5장

주민자치(위원)회 만들기

주민자치위원은 지역에서 대표성을 지닌 사람들과 주민자치센터를 실제로 운영할 전문성을 가진 사람들이 참여해야 한다. 그리고 지역을 위해 헌신적으로 활동할 사람들로 구성되어야 한다. 자생단체 대표와 민간단체 대표, 그리고 시민단체 회원들과 전문가, 그리고 센터자원 활동가와 동아리 대표들까지 골고루 참여해야 한다. 이때, 위원을 위촉하는 방식에서 지켜야 할 것은 주민자치위원 활동을 하고 싶어 하는 사람은 누구나 참여할 수 있도록 해야 한다는 것이다. 지역을 위해 헌신적으로 활동할 수 있는 사람은 위원으로 적극적으로 영입할 필요성이 있다.

그런데 현 주민자치위원회의 현재 상황은 여러 문제점을 안고 있다.

읍면동의 많은 주민자치위원들은 중요한 임무가 별로 없으며, 읍면동에서 안건을 제안하고 주민자치위원들은 협조자로서의 역할만 하는 경우가 많으며, 월례회 정도만

주민자치위원회의 현재 상황?

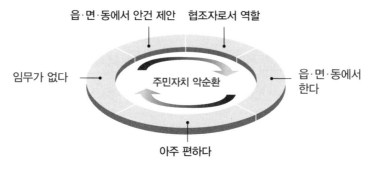

읍·면·동에서 안건 제안   협조자로서 역할

임무가 없다   주민자치 악순환   읍·면·동에서
                                          한다

아주 편하다

월례회의만 참여,
읍면동 자문위원회 성격으로 변질

참여해도 되는 편안한 읍면동 자문위원회 성격으로 변질
된 경우가 많았기에 주민자치는 악순환이 연속되고 있다.

주민자치회는 풀뿌리자치의 활성화와 민주적 참여의식
고양을 위해 읍·면·동에 해당 행정구역의 주민으로 구성
되어 주민의 자치활동 강화에 관한 사항을 수행하는 주민
자치 조직이다.

주민자치회는 다음과 같은 기능을 수행한다.

1. 주민총회의 개최, 마을계획의 수립, 마을 축제의 개최, 마을소
   식지의 발간 등 주민화합 및 발전을 위한 업무

2. 주민자치센터의 운영 등 시장 또는 읍·면·동장이 위탁하는 사무의 처리

3. 「시군구 시민참여예산제 운영 조례」에 따른 읍·면·동 지역 현안사업에 대한 자문 등 읍·면·동 예산협의회 기능. 이 경우 읍·면·동 예산협의회의 위원의 임기가 만료되어 위촉하지 아니하는 읍·면·동의 주민자치회에 한정한다.

4. 읍·면·동의 사무 중 주민 생활과 밀접한 사항에 대한 건의

5. 그 밖에 주민자치를 위하여 필요한 업무

주민자치회는 회장 1명, 부회장 2명을 포함하여 10명 이상 50명 이하의 위원으로 구성하며, 해당 읍·면·동이 지역구인 의회 의원은 그 직에 있는 동안 표결권이 없는 당연직 고문으로 해당 읍면동 주민자치회에 참여할 수 있다.

위원의 임기는 2년으로 하되, 읍·동 위원은 1회에 한정하여 연임할 수 있으며, 위원의 사임 또는 해촉 등으로 새로 위촉된 위원의 임기는 전임위원 임기의 남은 기간으로 한다.

주민자치회 회의는 정기회의와 임시회의로 구분하고,

정기회의는 월 1회 개최하며, 임시회의는 자치회장이 필요하다고 인정하는 경우, 읍·면·동장이 요청하는 경우 또는 재적위원의 3분의 1 이상이 요구하는 경우 자치회장이 소집하여 회의를 개최한다.

'주민총회'는 주민자치회가 주관하여 주민의 생활과 밀접한 공동의 문제 등에 대하여 해당 읍·면·동 주민 누구나 참여 및 자유로운 토의를 통하여 주민 전체의 의견을 수렴하는 회의를 말한다. 주민자치회에서 주민총회에 상정하기로 결정하고 다음 각호의 사항에 대한 주민의 의견을 수렴하기 위하여 자치회장이 연 1회 이상 개최한다.

1. 주민자치회의 업무 수행을 위하여 수립한 계획에 관한 사항

2. 주민자치회의 활동 결과 및 성과에 관한 사항

3. 마을계획안에 관한 사항

4. 읍·면·동 예산 사업에 관한 사항

5. 주민의 생활과 밀접한 공동의 문제에 관한 사항

6. 주민 간 의견을 달리하여 의견의 합치가 필요한 사항

7. 그 밖에 자치회장 또는 읍·면·동장이 주민 전체의 의견 청취가 필요하다고 인정하는 사항

'미을계획'이란 주민자치, 마을발전 등에 관한 종합계획을 말하며, 주민총회를 거친 우선순위가 높은 마을 사업은 예산의 범위 내 반영하여 실행하게 된다.

내가 꿈꾸는 주민자치 만들기

분과위원회와 운영위원회 만들기

주민자치회가 활발하게 활동하기 위해서는 조직을 효율적으로 나누어 활동하는 것이 필요하다. 그 방법 중 하나는 분과위원회를 만드는 것이다.

살기 좋은 우리 마을을 함께 만들어 가기 위하여 관내 주민들의 다양한 의견을 폭넓게 수렴하고 다수의 주민들이 주민자치회 활동에 참여하도록 하고자 주민자치회 분과위원을 모집한다. 신청대상은 관내에 주민등록이 되어 있는 사람, 관내 소재 사업장 종사자 및 학교, 기관 등에 소속된 사람이다. 신청방법은 보통 주민자치회 사무실을 방문하여 분과위원 신청서를 작성하는 것이고, 모집절차는 희망자 신청에 따른 선착순 접수로 하게 된다. 분과위원의 역할은 소속 분과회의(분과회의, 간담회 등) 참석, 분과별 자치계획 수립을 위한 각종 조사와 분과의제 찾기 등 협업, 분과별 지역 특화사업 추진 등이다.

　분과위원회를 만들어 주민자치위원들이 자기가 원하는 분과위원회에 소속되고 그 분과에서 분과장을 선출하여 주민자치 프로그램을 기획, 실행하면 주민자치위원 한 사람 한 사람이 책임의식이 생기고 보람을 느끼며 지역을 위해 일할 수 있게 된다. 이때, 분과는 센터의 상황에 맞게 단계적으로 만들 수 있다. 예를 들어 주민자치센터가 아직 자리 잡지 못하고 있을 때는 센터 프로그램 활성화에 초점을 두어 만들 수 있고 센터가 활성화되어 있을 경우에는 지역을 모두 아우를 수 있는 내용으로 구성할 수 있다. 그리고 위원장과 부위원장, 감사, 간사와 각 분과장들이 참여하는 운영위원회를 만들어 월 1회 회의를 열어 각 분과에서 나온 의견을 취합하고 조정하여 본회의에 상정한다. 이렇게 하면 위원들 모두의 의견이 반영되고 이견이 좁혀져서 본회의가 원활히 되고 즉시 실행할 수 있게 된다.

나의 생각창고

우리 주민자치회는 어떻게
분과위원회 및 운영위원회를 만들면 좋을까요?

지역 특성에 맞는 프로그램 만들기

우리 지역 특성에 맞는 프로그램을 만들어야 한다. 국가의 경쟁력은 지역의 경쟁력에서 나온다. 그리고 지역의 경쟁력은 그 지방의 특성을 반영한 좋은 프로그램에서 나온다. 지역의 여건과 실정은 당해 지자체가 가장 잘 알고 있으므로 지역주민에게 가장 도움이 될 수 있는 사업이나 프로그램을 개발하여 수행하는 것이 중요하다. 우리 지역에 어떤 사람들이 많이 살고 있는지를 파악하고 그 사람들이 원하는 프로그램을 하는 것이 좋다. 노인들이 많이 거주하는 지역은 센터가 진료소의 역할을 할 수도 있고, 맞벌이 부부가 많은 곳인 경우는 초등학생들을 위한 공부방 시설을 하여 운영할 수 있을 것이다. 즉 시설을 따로 만들지 않아도 실제 지역에 사는 주민들의 삶을 더 향상시키기 위한 프로그램, 그들에게 직접 도움이 되는 내용,

그리고 함께 살아가는 의식을 키우는 강좌나 프로그램 등을 연구하고 만들어내야 한다.

나의 생각창고

우리 지역 특성에 맞는 프로그램 만들기

동아리 및 소모임 만들기

주민자치센터에서 다양하고 실질적인 소모임 및 동아리를 만들고 활성화시켜야 한다. 주민자치회(위원회)에서 동아리 및 소모임을 지원하고 주민자치센터 운영에 적극 참여하도록 계기를 마련해야 한다. 또한 주민자치센터 프로그램 이후에도 자체적으로 후속모임을 만들 수 있도록 독려함으로써 참여하는 사람들이 많아지게 된다. 그중에서 자원봉사 활동할 사람이나 프로그램 강사들이 나오게 되며 이런 사람들과 소모임 대표들이 위원회에 들어오게 되면 센터는 활성화될 수밖에 없고 더 나아가서 지역을 위해 봉사활동까지 할 수 있게 된다. 그러면서 주민들의 공동체가 만들어지므로 위원회에서는 열심히 활동할 사람을 찾아내고 지역에서 함께 활동할 수 있는 인재 발굴 등을 해야 한다.

소모임과 동아리 만들기

6장

주민자치
활성화
방안

주민자치센터의 궁극적인 목적은 주민자치활동과 지역 공동체 형성의 구심체 역할을 수행하는 것이다. 지역의 현안문제를 지역주민 스스로 발굴하고 해결하기 위해서 주민 스스로 주도성을 가져야 한다. 따라서 지역문제나 주민 관심사항을 위원들이 활발히 토의하고, 이를 주민에게 알리고, 참여시키며, 계도하는 등 자치활동의 선도자 역할을 하여야 한다. 이를 위해 주민자치위원 선정 과정에서 능동적 참여의사를 가진 사람을 발굴해야 한다. 또한 각종 명예 부여, 최소한의 활동비 지원, 각종 행정정보자료 제공, 정책결정 등의 자발적 참여를 유도할 수 있는 각종 제도적·행정적 장치를 강구해야 한다. 주민자치위원은 주민 전체를 위한 지역 봉사자일 뿐만 아니라 다양한 자질을 갖추어야 하므로 시민 추천제, 공개모집, 선정위원회 구성 등을 활용하여 위원선발의 민주성과 대표성, 공정성을 확보할 수 있어야 한다. 주민자치위원들의 자발적인 참여와 적극적 활동을 통해 발전 방향성을 찾아

나가야 한다.

현재 주민자치 환경은 많이 변하고 있다. 중앙정부와 지방정부는 주민자치 발전과 지역 주민의 삶의 질 향상과 공동체 가치 회복을 위해서 노력하고 있다. 지역공동체 활성화, 공동체 내 돌봄이 필요한데 이를 위해서 읍면동에서는 찾아가는 서비스, 주민은 참여가 중요하다.

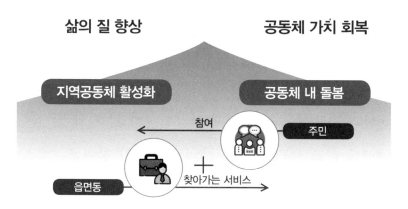

〈주민자치 환경의 변화〉

주민자치(위원)회의 효율적인 운영을 위해서는 운영 방법의 개선, 회의 방식의 개선, 분과위원회 구성 운영, 자치위원회 간 네트워크 구축, 활동 공간과 시간의 유연화 등 운영의 효율화를 기할 수 있는 여러 방안을 강구해야 한다. 주민자치위원들은 주민 각계각층의 주민대표로서 상호신뢰와 협조의 바탕 위에서 지역의 화합과 협동, 공동체의식이 형성될 수 있도록 노력해야 한다. 따라서 주민자치위원은 각종 지역 행사, 소규모 동네 축제를 기획 집행하고, 주민의 삶의 질 향상을 위한 각종 문화·복지 프로그램을 개발 시행하여 주민 간, 계층 간 갈등과 소외를 최소화하는 역할에 노력해야 한다.

주민자치(위원)회에서 활동하는 자치위원에게 얼마나 실질적인 권한을 주고 얼마나 자율적으로 운영할 수 있도록 하느냐에 따라서 주민자치(위원)회 운영이 크게 좌우된다. 권한과 자율성이 부여될 때 다양한 활동의 기획 및 집행이 가능하고 주민자치위원들의 자발적인 참여를 촉진하게 된다. 이를 위해서는 자치센터 운영을 책임지고 있는 읍·면·동장의 개방적이고 적극적인 자세가 필요하다. 지역에 대한 행정의 관심이 소홀해질 수 있는 문제 등을 예방하려면 주민자치위원들이 자율적으로 나서서 주민의 요구사항 및 지역의 현안 문제 등을 토의하여 군·구에 건

의하는 등 행정과 주민간의 가교 역할을 수행하여야 한다. 또한 지역의 민원이나 현안에 대해 군·구청, 읍·면·동사무소 단체장에게 주민의 의사를 전달하고 처리의 방향 등에 권고·자문하는 역할까지 수행할 수 있어야 한다.

주민자치(위원)회 활성화에 중심적인 역할을 수행할 수 있도록 스스로의 역량강화도 병행해야 한다. 주민자치위원은 주민들의 자치활동의 기본적 여건 조성을 위해 지역주민들의 자질과 역할을 함양할 수 있도록 돕는 지역사회 교육자로서의 역할을 수행하여야 한다. 이를 위해 주민자치위원들은 시민사회교육을 위한 각종 교육 프로그램 및 시민의식 고취를 위한 실천적 대안들을 지속적으로 추구해 나가야 한다. 이를 위해 주민자치위원들부터 사회의 변화와 시민들의 욕구를 파악하고, 이를 수렴해 나가기 위해 자체 교육과 워크숍 등 자율적인 교육기회를 지속적으로 만들어야 한다.

내가 생각하는 주민자치 활성화 방안을 쓰세요.

국민의 나라는 주민자치 원리로부터

온전한 지방자치는 풀뿌리 주민자치이다. 풀뿌리 주민
자치를 위해서는 주민이 주인이 되는 건강한 공동체가 이
루어져야 한다. 현 정부에서는 기존이 주민의 의사와 괴리
된 정책결정, 공무원 위주의 읍면동 운영, 관 주도의 마을
정책 수립과 정책에서 탈피하려고 한다. 이제 주민 직접참
여 확대로 주권재민 구현, 읍면동 주민자치 플랫폼화, 마
을단위 자생적 자치역량 강화 전략을 추진하고 있다.

풀뿌리 주민자치 강화

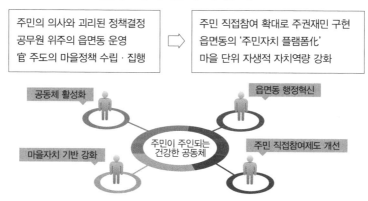

진정한 의미에서의 주민자치는, 주민자치의 공간에 행정이 간섭하지 않아야 하며, 주민자치회 설계를 주민들이 자치한다는 개념에서 출발해야 한다.

최근 현장 주민자치관련자들을 조사한 결과, 주민자치 관련 정책들이 관에 의한 것이 아닌 주민자치 원리를 통해 추진되어야 한다고 하였다. 그러므로 주민자치에 대해 더 많은 논의와 신중한 정책시행이 필요하며, 행정안전부와 다양한 전문가 및 현장담당자들과의 공감과 소통, 협의를 통한 구체적 기획과 전략이 더 필요하다.

주권자는 국민이다. 주민자치는 지역사회 내 시민사회 영역에서 주민들이 주인이 되어 자율적으로 연대해 결사체나 공동체를 조직해 지역사회의 공적문제를 스스로 결정하고 집행하는 것이다.

지금까지 국민 혹은 시민(주민)은 투표를 통한 대통령, 국회의원, 자치단체체장, 지방의원, 그리고 교육감 선출 이외에는 국가와 지방의 정책 결정에서 배제되었다. 주민자치 원리에 있어 가장 핵심인 '주민참여권'과 '주민의결권'은 지방선거, 국회의원선거, 대통령선거 때 투표를 할 때만 영향력을 발휘할 뿐, 자신의 생활과 밀접한 국가와 지방의 정책기획과정과 결정과정에는 참여가 힘들었다.

현재까지 성공적으로 이루어졌다고 판단하기는 어렵지만, 현 정부가 비전으로서 밝힌 '국민의 나라, 정의로운 대한민국'을 건설하기 위한 정책방향은 대체적으로 국민은 나라의 주인이며, 정치의 실질적 주체와 주권자로서의 국민을 보장하고, 국민 개개인이 권력의 생성과 과정에 직접 참여하고 결정할 수 있도록 하며, 국민 중심의 민주주의, 국민주권의 보장을 장담하는 것 등이다. 만일, 이런 정책방향들이 이루어진다면, 지방자치단체 유형이 주민자치형이 되고, 수시로 주민투표와 주민발안이 선의로 작동되는 사회가 되고, 또 이를 통해 국가기본운영체제가 지배세력의 인치보다 헌법과 법률, 그리고 민본에 입각해 작동될 것이다.

주민자치는 지역사회 내 시민사회 영역에서 주민들이 주인이 되어 자율적으로 연대해 결사체나 공동체를 조직해 지역사회의 공적 문제를 스스로 결정하고 집행해야 한다.

내가 생각하는 주민자치의 원리는 무엇인지 적어보세요.

주민자치(위원)회 운영정비와 예우 강화

　　주민자치위원회 운영정비를 위해서는 주민참여가 핵심이다. 주민자치는 전문가들에게 지역문제 해결을 위탁하는 읍면동 차원의 대의민주주의가 아닌 주민 스스로 생활문제를 처리하는 상시적 참여민주주의이므로 전문가가 아닌 일반주민으로 위원회를 구성하여야 한다. 주민자치위원회 구성의 다변화와 전문가(복지 및 마을분야)의 적극적인 협조와 자문이 필요하다.

　　지역의 주민자치회에서는 주민자치위원 정원확대와 신청자가 적어 활성화가 어려운 사례가 많다고 한다. 물론 그런 경우도 있지만 주민자치위원의 정원 확대의 문제이기보다는 마을계획단, 주민참여예산, 동지역사회보장협의체, 마을기금주민운영위원회 등 유사한 기능을 수행하는 위원회를 통합해 필요한 인력을 확보해야 할 필요가 있다.

주민자치위원회의 프로그램 발굴 및 올바른 운영이 중요하다. 주민자치프로그램은 주민자치위원회에서 단독으로 발굴할 것이 아니라, 주민 모두가 참여하여 발굴하고 함께 운영하여야 한다. 따라서 주민자치위원회는 주민(지역사회단체, 학교, 종교단체, 봉사단체, 기업, 전문가 등)의 의견을 공모형태로 취합하여 정리하는 역할을 수행하는 것이 좋다.

주민자치위원 예우 강화와 제도적 보완도 중요하다. 현재 서울시를 비롯한 일부 시·도에서는 마을 만들기 프로젝트를 위해 마을 공동체 조례를 만들어 예산(세금)을 책정해 소위 마을활동가들을 시·도 차원에서 지역사회에 투입하고 있다. 그러나 전국 읍·면·동 주민자치위원들은 자신들의 시간과 돈을 들여 지역사회를 위해 20년간 활동을 해오고 있다. 이들은 조례(주민자치회 위원들의 경우 2013년 7월부터 특별법에 따라)에 따라 지역사회를 위해 일하고(혹은 봉사 활동) 있지만, 보수 혹은 활동비로 마을활동가와 같은 예산을 지원받지 못하고 있다.

지역의 소중한 인적 자원인 주민자치위원들이 지역사회를 위해 일하고 있는 것은 재능 등의 기부로 볼 수 있

다. 따라서 정부는 지역사회를 위해 활동을 하고 있는 주
민자치위원들에 대한 예우를 어떻게 강화할 것인지 고민
해 보아야 한다.

주민자치회 운영 정비와
주민자치위원의 예우에 대한 방안을 적어보세요.

7장

주민총회는
주민자치의
꽃

주민총회는 주민자치의 꽃인가?

주민총회는 주민자치의 꽃이라고 볼 수 있다. 모든 주민자치활동은 목표달성도 중요하지만 과정이 중심이 되는 것이어야 한다. 그래서 주민총회까지 가는 그 과정을 이해하고, 주민총회가 어떻게 이루어지는가를 이해하는 것이 무엇보다도 중요하다.

우리나라 헌법 전문에 "우리들과 우리들 자손의 안전과 자유와 행복을 영원히 확보하는 것이 국가가 해야 할 역할"이라고 되어 있다. 지금 당장 우리들도 중요하겠지만 10년, 20년 후에 우리 자손들의 안전과 자유와 행복을 영원히 확보하는 것도 매우 중요한 일이다.

우리가 주민자치를 하는 목적은 우리 자신의 문제를 해결하기 위한 것이라기보다는 우리 자손들, 앞으로 태어나거나 앞으로 자라날 우리 아들 딸 손자 손녀들이 보다 행복하고 잘 사는 마을을 물려주기 위해서가 되어야 한다.

국가는 이러한 목표를 가지고 국가를 운영하며, 국가가 목표를 세우면 구체적으로 실천하는 것이 각각의 지방자치단체들의 역할이다. 예를 들어 국가적 목표 다음으로 광역단위, 이어서 시군구 단위의 목표가 순차적으로 연결되어 있다. 지방자치단체가 그 사무를 실천하기 위해서는 구체적으로 주민들의 편의와 복리 증진을 위해서 사무를 처리해야 된다.

국가가 해야 될 일과 지방이 해야 될 일을 구분해 본다면 국가는 전체적인 이념적 목표를 달성하고, 지방자치단체는 구체적이고 실질적으로 달성하기 위한 세부 목표를 수립한다. 이러한 목표 관계를 제대로 정리하고 수립하는 것도 중요하지만 그 목표를 구체적으로 실천하는 것이 더 중요하다. 그러기에 주민자치가 강조되고 있으며 구체적인 목표의 실천을 위해서 좀 더 많은 권한을 부여하며, 자치분권이 강조되고 활성화되고 있다. 자치분권의 핵심이 되는 주민들의 결정권에 관한 권한이라든지 주민들의 역량강화가 필요한 이유이다.

내가 속한 지역은 주민총회가 어떻게 진행되고 있는지 적어보세요.

의제 발굴

　주민자치의 '꽃'인 자치계획수립과 주민총회는 의제 발굴에서 답을 찾을 수 있다.

　자치계획은 읍면동을 단위로 해서 주민자치회가 주민들과 함께 해야 할 일이 무엇인지를 결정하는 것인데 주민들과 함께 주민들이 마을의 문제 중에서 해결해야 할 문제 그리고 마을의 발전을 위해서 필요한 문제가 무엇인지 결정해 나가는 것이다. 이것도 역시 자치계획을 통해서 어떤 의제를 결정했느냐가 중요한 것이 아니라 자치계획을 만들어가는 과정, 어떤 과정을 걸쳤고 그 사이에 누가 참여를 하고 어떤 공론이 이루어졌는지 또 공론을 통해서 어떤 문제들이 논의가 됐는지 이런 과정이 상당히 중요하다. 그러므로 자치계획은 그 마을의 종합사업계획이라고 할 수 있다.

의제란?

**"마을의 문제를 해결하기 위해 주민들의 의견수렴을 통해
주민이 직접 실행할 수 있는 사업을 일컬음"**

고민지점: 우리 마을의 장점은?

우리 마을의 단점은? 마을 비전은?

어떤 사업을 해야 할까?

자치계획을 수립할 때는 세 가지 원칙을 준수해야 한다.

첫째, 자발적인 참여이다. 원하는 주민은 누구든지 참여할 수 있도록 하며, 분과위원회는 열린 분과로 운영을 하는 것을 권유하고 있다. 그래서 주민자치회 위원들이 분과를 이끌어가지만 일반주민들도 함께 참여해서 의견을 제시할 수 있도록 하는 자발적 참여를 원칙으로 하는 것이 필요하다.

둘째, 민주적인 운영이다. 토론회에 참여하는 주민이나 분과에 참여하는 주민 모두 누구든지 제재를 받지 않고 충분하게 자기의견과 토론에 참여하고, 이러한 의견에 대한 공감대를 형성해 가는 공론화의 과정이 필요하다.

셋째, 자치계획을 통해서 주민자치회가 해야 할 일들을 결정할 수 있는 권한을 부여한다. 흔히 민주주의를 이야

기하고 지방자치를 얘기할 때 보충성의 원칙이라는 말을 많이 한다. 보충성의 원칙은 먼저, 가장 기초적인 단위에서 결정을 하고 그 결정을 한 것을 바탕으로 해서 과정을 통해 결정하는 것을 말한다. 예를 들어 읍면동 단위에서 해야 될 일을 먼저 결정을 하고, 읍면동 단위에서 이것은 힘들어서 못한다고 할 때 이 사업을 시군구 단위에서 하도록 위임을 하고, 시군구에서도 어려움이 있어 못하게 되면 시도나 국가로 가서 해결하는 원리를 말한다. 이때 가장 많은 권한을 받아야 되는 것이 읍면동이라는 것이다. 이것이 바로 보충성의 원칙이다.

그러기에 주민대표기구로서 결정권에 대한 권한을 받아야 한다. 우리 주민들이 자치적으로 할 수 있는 일이 무엇이 있는지, 우리들이 할 수 있는 일을 우선 결정하고 할 수 없는 것은 부탁을 해야 한다. "시장님 이것 좀 해주세요."라고 이야기하기 전에 우리가 할 수 있는 일을 먼저 찾아보아야 한다. 또한 개인이나 특정 집단 또는 단체한테만 도움이 되는지, 전체 지역에 골고루 혜택을 받을 수 있는지, 그리고 지역이 함께 발전할 수 있는 사업인지를 반드시 고민해 보아야 한다. 그리고 이러한 일들을 하려면 많은 정보와 지식도 필요하며, 일을 할 수 있는 의지도 있어야 한다. 주민자치 리더는 '지식역량, 실천역량, 의지역량' 세 가지 역량을 키워나가는 것이 무엇보다도 중요하다. 이런 역량은 지속적인 학습을 통해서 강화되어야 한다.

내가 사는 지역의 마을의제는 어떤 것들이 있는지 적어보세요.

자치계획의 구성

　자치계획의 구성에서 첫 번째로 고려해야 할 사항은 '우리 주민자치회를 어떻게 운영할 것인가?'이다. 자치계획에서 우리 마을을 어떻게 운영하고 활성화시킬 것이냐는 문제를 함께 논의해야 한다.

　현재 공무원이 하고 있는 일 중에서 '주민들이 하는 것이 보다 합리적이라고 생각하는 것이 있는지?'를 생각해 보아야 한다. 관으로부터 위탁받아서 수행하는 위탁사무를 분과별로 계획을 세우고 그 계획에 맞는 예산(주민참여예산 등)으로 채워놓고 이걸 통해서 우리 마을을 좀 더 살기 좋은 마을로 활성화시키는 것이다.

　보통의 자치계획은 연말에 추진을 하는데 주민들이 모여 함께 공부하고 자원도 조사한다. 1월부터 시작된다면

자치계획(주민총회에서 결정)

내가 하고 싶은 것 + 지역이 필요로 하는 것

의제 발굴 ＋ 공유 / 숙의 ＋ 결정 / 실행

자치계획이란
주민 스스로 지역에 필요한 의제를 발굴하여 다른 주민들과
공유하고 숙의과정을 거쳐 의제를 직접 결정, 실행하는 것

1월부터 의제를 발굴하고 분과를 구성해서 2~4월 사이에 자치계획을 수립한다. 5월쯤에 주민자치회를 통해 자치계획이 확정되면 시와 동과 의논을 해서 예산은 어떻게 확보할 것인지, 주민참여예산으로 할 것이냐 아니면 다른 방법으로 할 것이냐 또는 공모사업을 통해 예산을 확보할 것이냐 등으로 예산확보 방법에 대해 논의를 한다. 그리고 구체적으로 어떻게, 누가 담당하고 참여할 것인지, 어떤 목표를 갖고 할 것인지, 이 사업이 성공적으로 추진되었을 때 누구한테 도움이 되는지(기대 효과)에 대한 내용도 자치계획에 포함이 되어야 한다. 그래서 자치계획과 주민총

회가 올해 이루어진다면 다음해에 실천되는 게 보통이다.

자치계획 구성의 모범사례를 보면 분과별 과제를 찾고, 과제를 여러 개 발굴을 하고 나면 분과 구성원들이 함께 모여 공유를 한다. 10개의 사업을 찾았다고 하면 그 부분에 중복되는 것이 있는지? 우리 분과에 해당이 없는 과제가 있는지? 이런 것들을 조정하는 단계를 거쳐서 전체 주민자치회에서 각 분과별로 만들어진 과제들을 또 한 번 공유하고 검토해야 한다.

분과가 4개가 있다고 가정하면 서로 중복되는 과제를 선정할 수 있기 때문에 어떤 분과가 하는 것이 효과적인지 조정한 다음 최종적으로 자치계획을 확정하게 된다. 그런 과정을 간단한 그림으로 표시하면 의제를 정리하고 분과에서 의제를 공유한 다음 주민자치회에서 합의를 해서 각 의제를 분과별로 확정하는 단계를 거친다.

그렇다면 주민자치의 사업계획은 어떻게 작성하는가?

환경 분과의 예를 들어보자. 환경 분과에서 하는 하천 정비사업이 있다. 이 사업이 왜 필요한지, 이 사업을 통해 우리 동네가 어떻게 하고 싶은지, 어떻게 변화되는지

분과 구성과 자치계획 수립

자치계획이란?

- ✅ 주민자치회의 사업계획을 정하는 것으로 **주민이 모여서 지역의 문제를 찾아내어** 해야 할 일을 찾고 <u>스스로</u> 결정하고 <u>스스로</u> 해결하는 것
- ✅ 주민자치회의 자체예산으로 진행하는 **사업, 행정시무 위·수탁사업, 참여예산연계 시업, 공모사업**이나 참여자 부담으로 진행할 사업 등을 결정하여 계획을 세우는 것

자발적 참여	민주적 운영	결정권 확대
원하는 주민 누구나 참여	주민 누구나 동등한 발언권, 결정권 보장	행정보다 주민이 결정하는 것이 적합한 일은 주민이 직접 결정 (보충성의 원리)

구체적으로 계획내용을 넣는다.

언제 이 계획을 실현할 것인지, 언제, 누가, 주민자치회가 주도할 것인지, 아니면 여러 단체 중(환경연합 등)에서 주관하고 주민자치회는 지원하는 역할을 할 것인지를 논의한다.

또한 주민자치회와 읍면동이 함께하는 민관협의체를 구성해서 한다든지 시행주체를 정해야 한다. 여기서 강조할 것은 예산은 어떻게 확보할 것인가이다. 자체적으로 할 수도 있고, 국가나 지방자치단체에서 요즘 많은 공모사업을 하고 있는데 공모사업에 제안서를 내 볼 수도 있

고, 시에서 주민자치회의 운영에 필요한 예산을 배정해 주는데 필요하다면 사업에 대한 예산도 배정해 줄 것이다. 그 예산으로 할 것이냐 아니면 주민참여 예산으로 할 것이냐 이런 것들이 어느 정도 주민총회에서 반영이 될 수 있도록 한다.

자치계획 수립 과정

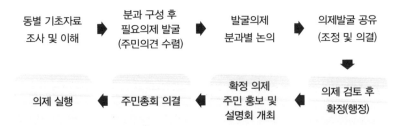

내가 속한 지역의 자치계획 수립과정은 어떤지 설명해보세요.

자치계획 수립 사례 및 주민총회

노송동의 한 사건이 뉴스에 보도되며 '얼굴 없는 천사' 이야기가 전국적으로 유명해졌다.

익명의 독지가가 2000년부터 연말이면 남몰래 소외계층을 위해 후원하여 어려운 이웃을 돕기 위해 성금과 물품을 모아둔 데서 발단되었다. 후원품이 도둑에 의해 도난되었고, 한 시민의 제보로 검거되고 무사히 물품을 되찾게 된 사건이다.

노송동 주민자치위원들과 주민들은 22년 동안 이어져 온 선행 사실을 널리 알리고 얼굴 없는 천사를 기리기 위해 천사공원을 조성하고 수차례의 천사축제와 천사기념관 및 천사장학생 양성 사업 등의 일을 해오면서 천사 마을 이미지를 확산시키고자 하였다.

주민들이 직접 마을을 조사한 후 의제를 발굴·연구하

면서 어둡고 침침한 골목길을 밝히기 위해 회색빛 전봇대에 천사의 이미지를 입힌 '천사가 내려앉은 전봇대' 사업, 그리고 천사마을 이야기길 조성, 지도제작, 천사예술단, 천사축제 법인화 및 콘텐츠 개발 등의 주민주도 활성화 자치계획 수립 사업을 전개하였다. 이는 천사마을로 대표되는 노송동의 특성이 잘 반영된 노송동 주민자치위원회 5개 분과(문화예술분과, 교육안전분과, 경제분과, 동네복지분과, 주거환경분과)의 16개 의제 개발을 통한 자치 계획 수립의 결과물이다.

노송동 자치계획 사례는 민·관 협치의 좋은 사례이다. 22년 동안 이어져온 얼굴 없는 천사의 선행에 대한 의미를 살리고 선한영향력을 발휘하는 뜻을 널리 알리는 일에 먼저 관(공무원)이 나섰으며, 공무원의 잦은 인사이동으로 사업들이 지속되지 않는 문제점을 보안하기 위해 민·관이 함께 할 수 있는 사업으로 이어지다가 자치계획을 세우고 주민총회를 통해 특화된 브랜딩 도시로 민이 발전시켜 나가는 모범사례라고 볼 수 있다.

자치계획이 수립이 되면 다음단계로 주민총회가 개최된다. 주민총회는 우리 마을에서 만든 자치계획이 무엇인지 함께 알아보는 것이다. 주민 전체가 자치계획이 어떤 것인지, 분과에서 어떤 계획들을 만들어 냈는지에 대해 설명을 듣는다. 공감대를 형성하고 주민이 원하는 자치계획에 대해 의견표명을 해서 마을발전과 주민들의 행복, 편의를 위해 필요한 것이 어떤 것인지 주민들이 직접 선택할 수 있도록 해주는 것이다.

주민총회의 핵심은 사업을 결정하는 데 초점이 있는 것이 아니고 함께 모여서 정보를 함께 공유하는 것이 초점이다. 또 다양한 안건에 대해서 서로 의견을 주고받는 과정이 중요한데 이것이 바로 공론화이며, 공론화의 과정에 초점이 있다. 많은 주민들이 참여해서 주민자치에서 하는 것들을 충분히 설명을 듣고 이해하는 과정이라 할 수 있다. 주민자치 총회를 구성하고 홍보하는데 행정안전부에서는 주민총회는 개최하기 한 달 전쯤에 미리 홍보해서 많은 사람들이 잘 알 수 있도록 하라고 권유하고 있다. 미리 충분히 숙지가 되어서 참여할 수 있도록 하는 것이다.

주민총회는 분과 활동을 통해 만들어진 자치계획을 주민의 참여로 결정하는 과정이다. 자치계획은 총회로 투표로 우선순위 결정을 하는데 투표보다 더 중요한 것은 주민들이 함께 만나서 수립된 계획에 대해서 정보를 공유하고 논의하는 것이다. 즉, 과정전체가 아주 중요하다고 말할 수 있다. 분과가 수립한 계획은 주민들이 공유하고 주민들의 의견을 수렴해서 보다 사업계획들이 주민들이 원하는 방향으로 확정이 될 수 있도록 하는 것이다.

주민총회는 일종의 주민들이 함께 모일 수 있는 기회가 되기 때문에 단순하게 회의만 하는 것이 아니고 주민들이 함께 어울리는 주민의 축제의 장으로 함께하는 것이 필요하다. 주민총회 때 각 분과에서 만들어낸 의제들을 쉽게 주민들에게 설명해 주기 위해 각 분과위원회에서는 다양한 이벤트를 준비를 해야 한다. 연극, 농악놀이를 하며 의제를 설명하기도 하고, 어떤 분과는 팜플렛 등과 같은 방법을 통해 홍보를 한다. 이 과정에서 자연스럽게 축제적인 분위기가 조성이 되는 것이다.

물론, 주민총회 본회의장에서 충분히 각각의 분과에서 제시한 의제들을 설명할 수 있는 기회들도 제공되어야 한다. 향후 마을 축제날에 주민총회를 하면 좀 더 많은 주민들이 함께 참여하고 뭔가를 얻어가고 함께 즐기는 장이 될 수 있을 것이다.

주민총회 시행 절차

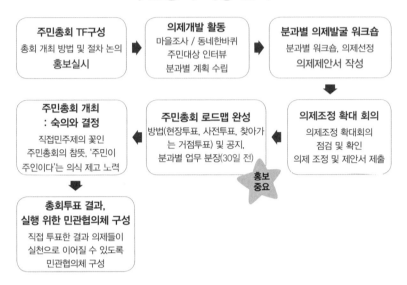

주민총회 마지막 부분에서는 주민 투표를 실시한다. 주민 투표는 각각 분과위원회에서 제기한 의제들의 우선순위를 정하는데 투표방법은 사전투표와 현장투표로 나뉜다. 그리고 투표에 참여할 수 있는 연령대는 보통은 만 18세로 정하고 있는데, 세종시 같은 경우는 16세, 금천구 같은 경우는 15세로 정하고 있어서 고등학생들도 함께 참여할 수 있도록 개방하고 있다.

최종적으로 주민총회가 개최가 되고 결과가 우선순위가 결정되면 우선순위에 따라 오래 할 수 있는 사업들을 시와 동 공무원들과 의논을 해서 결정을 한다. 주민총회는 뭘 결정하는 곳이 아닌 함께 의논하는 공론의 사항으로서의 기능을 한다. 딱딱하게 회의만 하는 것이 아닌 주민들이 모여 인사, 대화를 하며 친목을 다지는 곳이며 주민자치회 동아리, 공연, 이벤트 등으로 마을 축제 분위기를 조성하는 것이다.

주민자치회는 지역사회에서 중요한 역할을 하는데 자치분권종합계획 등을 보면 주민자치회는 대표적인 마을협의체라고 정의를 하고 있다. 주민 대표자들이 모여 협의하는 협의기구이며, 주민자치회의 목적은 다양한 사람들이 모두 참여하는 대표적인 마을협의체가 되는 것이다.

나의 생각창고

우리 지역의 주민총회 절차에 대하여 설명해 보세요.

주민자치 제안사업

　주민자치는 당장 우리보다 우리의 후손이 행복하게 살게 해주는 것이 목적이다. 10년 20년 후의 우리 지역은 어떻게 변하고 발전할 것인가를 생각해 보는 것이다.

　앞으로 발생할 가능성이 높은 사회적 문제는 저출산과 고령화이다. 자식들과 손자들의 삶은 안정이 될까? 기후문제와 사이버문제들은 해결될까? 10년 후 어떤 문제가 발생되고 영향력이 큰 것들은 무엇이 있을까를 생각하여 의제를 내놓는 것이다. 구체적으로는 민과 관이 함께 할 수 있는 사업이 무엇이 있을까를 찾아보고 사업을 제대로 할 수 있도록 공동체를 만드는 일이 필요하다. 그러한 일을 하려면 가장 중요한 것은 시민들의 시민의식이다. 주민자치회뿐만 아니라 일반시민들도 주민자치의 필요성을 인식하고 우리 마을을 위해 공동체 발전을 위해 주민자치회의 사업이 필요하다는 인식이 함께해야 한다는 것이다.

예를 들면 유럽에서는 사회적 경제조직에 대해 많은 이야기를 하고 있다. 벨기에나 영국 같은 곳에서는 대기업보다 마을기업들을 통해서 일자리 창출이나 지역의 자원을 널리 홍보하고 많은 사람들이 함께 자원을 나누는 마을협동조합 등이 발달되었다. 주민들이 지역을 대표하고 지역에서 수행하여 얻어진 수익을 다시 지역으로 환원할 수 있는 조직을 만들어 기업으로 운영하는 것이다. 여기에는 다양한 시민단체나 지역들이 함께 참여하고 있다. 주로 읍면동 이하 단위에서 만들어지고 활동한다.

다음은 민·관 협치의 문제이다. 보통 공무원은 2년 단위 순환보직을 하기 때문에 사업들이 지속되지 않는 경우가 많기에 공무원들이 먼저 사업을 시작한다 해도 지속적으로 이끌어가는 것은 주민자치회의 역할이다. 민관이 함께 할 수 있는 사업은 공무원이 모두 해결하지 못하는 서비스 사각지대이며, 관이 시작했지만 그 나머지는 민이 발전시켜 해결해야 한다.

요즘 쓰레기 문제가 많이 대두되고 있는데 스웨덴에서 어떻게 하면 쓰레기를 재밌게 해결할 수 있을까에 대한 이야기가 있다. 주말에 동네사람들이 다 모여 쓰레기 많은 지역인 등산로, 산책길 등에 쓰레기봉투를 받고 한 바퀴 돌며 쓰레기를 주워오는 것이다. 누가 쓰레기를 많이 주웠나를 통해 간단한 기념품을 주고 차도 한 잔 마시며 서로의 정을 나누고 그 과정에서 운동도 겸해서 하게 된다. 조깅과 쓰레기 줍는 것을 합쳐 '플로깅'이라고 하는 단어도 생성되었다.

공동체는 상시적으로 참여해야 하고 어려운 이웃에 대한 배려를 해야 하다. 이것을 위해선 서로 소통을 해야 한다. 주민총회에서 제일 중요한 부분 중 하나가 서로 소통이다. 이 부분을 통해 우리 공동체가 좀 더 부드럽고 모든 사람들이 호감이 가는 공동체로 바뀔 수 있는 것이다. 대표적으로 지역화폐가 있는데 지역화폐를 활성화해서 지역자원을 활성화하고 외부로 빠져나가지 못하도록 하는 역할도 있다.

대전에선 '두루'라는 화폐를 활용하는데 주부가 치과의사에게 치료를 받고 치료비 대신 치과의사 아이를 3시간 돌봐준다. 회사원 박 씨는 아이를 어린이집에 맡기는 대신 차량으로 이이들을 실어 나르는 것을 대신해 주는 품앗이 같은 봉사를 한다.

여기서 가장 중요한 것은 믿음이다. 상호신뢰이다. 예를 들어 치과의사가 나의 한 시간과 가정주부의 한 시간과 똑같다는 평등성과 신뢰성이 없다면 지역화폐는 성공할 수 없다. 그리고 시민의식이 높아야 한다. 주민자치위원만 많이 안다고 성공하는 것이 아니라 지역주민들도 함께 의식이 높아져야 하는데 주민자치위원회의 또 다른 역할 중 하나가 시민 사이에서 리더들을 찾아내 양성을 하는 것이다. 마을 리더들은 장기적으로 주민자치위원으로

주민자치 현장의 소리

주민자치 의의/필요성에 대한 이해 부족
· 어떻게 동의하게 할 것인가?

전문가 부재: 사업에 대한 원칙/기준 부재
· 어디에서 구할 것인가?

현장의 소리

어느 경우이든 정답이 없다는 점
· 어떻게 정답을 구할 것인가?

· 어떻게 제대로 조사할 것인가?
마을의 유/무형, 인적자산 조사의 어려움

활동할 수 있겠지만 단기적으로 지역 내에서 주민자치의 활동을 지원하는 지역의 리더로서의 역할을 하게 되는 것이다. 정해진 질서나 규율을 잘 지킬 수 있도록 하는 시민의식을 키워주는 게 필요하다.

과거 광안리에서 태풍이 휩쓸고 간 자리에 쓰레기가 해안가로 밀려왔다. 영국인 엄마와 딸 둘이 장화를 신고 나와 광안리 해안가의 쓰레기를 청소했다. 그 당시 기자가 대한민국 사람도 아닌데 왜 청소하고 있냐고 물었을 때 엄마는 답했다. "쓰레기는 꼭 그 동네사람이 치워야 하나요? 쓰레기는 먼저 본 사람이 먼저 치우는 게 옳은 것이고 그게 시민정신이다."라고 답변했고 그 이야기를 들은 부산시민들은 감동하여 쓰레기를 함께 치웠다고 한다. 누가 뭐라고 하지 않더라도 자발적으로 참여하는 것이 진정한 주민자치이고 진정한 시민정신이다.

우리 지역의 주민자치 제안사업은 어떤 것들이 있는지 적어보세요.

8장

주민자치
성공을 위한
리더십

리더십이란?

주민자치가 성공하기 위해서는 리더의 역할과 리더십이 가장 중요하다.

주민자치 위원에겐 행정과 주민 간의 가교 역할뿐만 아니라 지역사회의 지도자 역할이 기대된다. 따라서 주민들의 신망을 받으며 주민들을 결집하고 이끌 수 있는 리더십이 요구된다. 특히 주민자치 위원들은 지역의 대표자로서 관계 공무원은 물론 일반 주민들을 상대로 하기 때문에 개인적 차원을 넘어서 공적인 성격을 갖게 되므로 여러 활동에서 모범을 보일 때 리더십을 쌓아갈 수 있을 것이다. 또한, 지역 일에 내가 먼저 앞장선다는 헌신성이 제일 중요한 덕목이 된다. 주민자치 활동은 주민들이 자발적으로 지역 일을 스스로 운영해 나가는 것이다. 주민자치센터에서는 각종 프로그램의 운영 등 자치센터 운영과 관련하여 주민자치 위원에게 많은 시간과 노력이 투자될 것이 요구된다. 주민자치위원은 권력을 갖지 않는 명예직이므로 지역 주민을 위해 봉사한다는 겸손한 자세를 갖는 것도 중요하다. 따라서 주민자치가 성공적으로 수행되기 위해서는 리더의 역할이 매우 중요하다. 그 조직의 성공여부와 조직목표달성은 리더의 역할과 역량에 좌우된다.

인간은 태어나면서 자신의 의지와는 상관없이 가족이라는 조직에 속한다. 조금 자라면 학교라는 조직, 또래집단이나 친구 조직, 동아리 조직, 더 자라 성인이 되면 직장이라는 조직, 취미나 여가를 위한 친목 조직, 결혼하면 가정이라는 조직이 새롭게 만들어진다. 이처럼 인간은 태어나면서부터 죽을 때까지 조직이라는 공동체에서 존재하고, 그 조직 속에서 꿈과 희망을 펼치며 살아간다. 그러므로 조직이 얼마나 중요한지, 조직에서 리더와 팔로워가 무엇인지는 반드시 알아야 할 필요가 있다.

조직문화 속에서 살아가는 구성원들은 리더leader와 팔로워follower라는 이름으로 공동체를 형성하고 조직의 목표달성을 위해 존재하게 된다. 이때 리더가 수행하는 역할과 기능을 리더십leadership이라 하는데 주어진 상황에서 목표를 달성하려는 방향으로 사람들에게 영향을 미치기 위한 능력이다. 팔로워(부하)가 수행하는 역할과 기능을 팔로워십followership이라고 한다.

그러면 어떤 리더가 좋은 리더인가?

삼류 리더는 자기의 힘을 사용하고, 이류 리더는 타인의 힘을 사용하며, 일류 리더는 타인의 지혜를 활용한다고 한다. 세상을 움직이는 것은 사람이다. 그러므로 사람을 움직이면 조직이 바뀌고, 조직이 바뀌면 세상을 바꿀 수 있게 된다. 그러므로 진정한 리더는 사람의 마음을 움직이는 사람이다.

그러면 바람직한 리더의 태도는 무엇인가? 다산 정약용 선생의 가르침에 귀를 기울일 필요가 있다. "내가 하는 대로 남이 나를 대접한다. 남이 내게 함부로 굴거든 남을 탓하지 말고 스스로를 반성하라." 사람은 참으로 다양하다. 그러기에 서로가 다름을 인정해야 한다. 남을 리드하려고 하기 전에 남을 먼저 인정하고 자기 자신의 리더가 되어야 한다.

토마스 카일라일은 리더십이 지향하는 방향을 다음과

같이 지적했다. "길을 가다가 장애물이 나타나면 패배하는 사람은 그것을 걸림돌이라 하고 승리하는 사람은 그것을 디딤돌이라고 한다. 파격의 인간미를 갖추고 섬과 섬을, 육지와 섬을 잇는 가교 같은 리더, 그것이 리더십이 지향하는 방향이다."

리더십의 생명은 감동이다. 생명의 본질은 감동이다. 감感은 Feel이며, 동動은 Move이다. 그러므로 가장 좋은 리더십은 느끼게 하여feel 움직이도록move 하는 것이다. 즉 스스로 느껴서 스스로 움직이게 하는 것이 가장 바람직한 리더십이다.

리더십의 생명은 감동이다.

생명의 본질은 감동이다.

감感 Feel
동動 Move

느끼게 하여(Feel) 움직이도록(Move) 한다

스스로 느껴서 스스로 움직인다.

"사업의 성패는 고객의 머리에 감동적 드라마를
얼마나 많이 집어 넣느냐에 좌우된다."

－ 톰피터슨 －

또한 리더십은 예술이다. 오케스트라 리더인 지휘자를 한번 살펴보자. 오케스트라는 많은 악기로 구성되어 있다. 지휘자 없이 각 악기들이 각자의 소리를 내다 보면 화음이 맞을 리 없다. 지휘자의 지휘 방향에 따라 연주가 이루어지고 단원들이 하나의 마음이 되어야 훌륭한 연주가 된다. 여기서 중요한 것이 리더와 팔로워의 커뮤니케이션과 하나 됨이라고 할 수 있다.

리더십

리더십은 긍정적 변화창출을 지향한다.

리더십의 출발점은 마음을 움직이는 것이다.
물건을 훔치면 도둑이 되지만,
마음을 훔치면 리더가 된다.

리더십이란 주어진 상황에서 목표 달성을 위한 개인 또는 집단의 행동에 영향을 미치는 과정이므로 리더십이란 목표를 달성하려는 방향으로 사람들에게 영향을 미치기 위한 능력이라고 설명할 수 있다.

나의 생각창고

나의 리더십을 되돌아보고 수정할 부분을 적어보세요.

리더와 팔로워

누가 리더이고 누가 팔로워인가?

리더와 팔로워의 개념은 절대적인 개념과 상대적인 개념으로 이해할 수 있다. 먼저 회사의 경우 회사의 대표인 사장은 회사라는 조직 내에서 절대적인 리더의 위치에 있다고 볼 수 있다. 그러나 부장, 팀장 등과 같은 중간관리자는 사장의 입장에서 바라볼 때에는 팔로워 즉 부하의 개념으로 볼 수 있지만, 부서원 또는 팀원의 입장에서 바라볼 때에는 리더라 할 수 있다.

팔로워Follower란 누구인가? 팔로워는 부하 또는 추종자 등을 말하는 것으로 사전적 의미로 조직이나 단체 등의 구성원을 팔로워라고 한다. 그 예로 회사의 직원, 군대의 군인, 오케스트라의 단원 등을 팔로워 즉 부하라고 한다.

아울러 리더와 팔로워의 어원을 살펴보면 리더와 팔로

워의 의미를 깊이 있게 이해할 수 있다.

독일의 고어에서 리더leader의 뜻은 '참다', '견디다'라는 뜻이다. 팔로워follower는 독일의 고어인 follaziohan에서 유래한 말로 '돕다', '후원하다', '공헌하다' 등의 의미를 내포한다. 원래 어원대로 엄격하게 정의하면 팔로워란 리더에게 없으면 안 되는 돕는 존재라 할 수 있다. 두 단어 사이의 관계는 원래 평등했다.

즉 팔로워가 리더를 일방적으로 돕는 것이 아니라 전체의 목표를 달성하기 위해서 팔로워는 리더를 돕기 위한 존재로, 리더는 팔로워의 도움을 필요로 하는 자로 설명할 수 있다. 리더와 팔로워는 한쪽으로 일방적인 단 방향적인 수직관계가 아닌 서로 도우며 발전하는 공생의 관계로 봐야 할 것이다.

그러면 좋은 팔로워는 어떤 사람이고 어떤 자질을 가져야 하는가?

첫째, 헌신commitment하는 자세를 가져야 한다. 한 개인에게 충성하는 것보다 사명과 비전에 헌신하는 자세가 바람직하다.

둘째, 전문성 및 집중력competence & focus을 가져야 한다.

각자에게 주어진 임무를 완수할 수 있는 능력과 전문성을 가지고 있지 않다면 그 헌신은 아무런 힘이 없게 된다.

셋째, 용기courage와 패기가 필요하다. 단순하게 맹목적 순종만을 필요로 하는 것이 아니다.

넷째, 정직하고 현명한 평가능력honest & wise evaluation을 가지고 있어야 한다. 팔로워는 끊임없이 자기를 평가할 뿐만 아니라 리더십이 제대로 가고 있는지를 평가할 수 있어야 한다.

나는 어떤 리더이며, 어떤 팔로워인지 적어보세요.

성공하는 리더십의 주요 특성

솔개는 장수하는 조류인데 약 70여 년까지 수명을 누릴 수 있다고 한다. 다만 그렇게 장수하려면 약 40년이 되었을 때 매우 고통스럽고 중대한 결심을 해야만 한다. 솔개는 40여 년쯤 살면 발톱이 노화하여 사냥감을 제대로 잡아챌 수 없게 된다. 부리도 길게 구부러져 가슴에 닿을 정도가 되고 깃털은 두꺼워지고 날개는 무거워져서 하늘로 날아오르기가 힘들게 된다.

이즈음이 되면 솔개에게는 두 가지 선택이 있다.

그대로 죽을 날을 기다리든가 아니면 약 반년에 걸친 매우 고통스런 갱생의 과정을 수행해야 한다. 갱생의 길을 선택한 솔개는 산 정상 부근에 둥지를 짓고 고통스런 수행을 시작한다. 먼저 부리로 바위를 쪼아 부리가 깨지고 빠지게 만든다. 그러면 서서히 새로운 부리가 돋아난다. 그런 후 새로 돋은 부리로 발톱을 하나하나 뽑아낸다. 새로 발톱이 돋아나면 날개의 깃털을 하나하나 뽑아낸다. 이리하여 새 깃털이 돋아난 솔개는 새롭게 변신하게 된다. 그리고 다시 힘차게 날아올라 30년의 수명을 더 누리게 되는 것이다.

또한 철새는 계절이나 환경이 바뀌면 끊임없이 새로운 도전을 시작한다. 대부분의 철새는 안주하지 않고 환경을 탓하지도 않고 도전해 새로운 환경을 찾아낸다. 그러나 텃새들은 작은 자신에게 주어진 환경에서 일생을 보낸다. 철새의 생존의 법칙을 배워야 한다.

"변신하지 못하면 병신 된다."라는 말이 있다. 성공하는 사람들은 변화를 기꺼이 수용하고 기존의 사고에 얽매이지 않는다. 오늘날 과학기술의 급속한 발전 덕분에 우리가 익숙해 있던 상황은 시시각각 변화하고 있다. 변화의 흐름을 읽고 적극적으로 대처하지 못하는 사람은 도태되고 만다. 외부적 상황이 변했을 때 우리들 역시 변화하지 않으면 좌절, 우울, 절망만이 있을 뿐이다. 변화란 무엇의 끝이 아니라 새로운 시작으로 보는 법을 배워야 한다. 이처럼 변화란 현재 상황에서 바라는 상태로 옮겨가는 과정을 말하는데 이 과정에서 해빙-변화-재결빙의 과정을 거치면서 목표에 근접해 간다. 이제 자신의 변화 추진을 위해 버려야 할 것들, 줄여야 할 것들, 더 해야 할 것들, 새롭게 만들어야 할 것들을 찾아보고 성공적인 변화를 위한 실천방안들을 찾아보아야 한다.

훌륭한 리더들의 삶을 살펴본 결과 성공하는 리더십의 특징들을 다음과 같이 살펴볼 수 있다.

1) 비전(Vision)

비전은 상상력, 직감력, 통찰력 등을 토대로 미래를 전망하는 능력으로 리더는 자신이 원하고 이루고자 하는 것에 대한 명확한 비전을 가지고 있다. 따라서 비전을 이루는 데 있어서 나타나는 난관과 실패를 당연히 여기며 이를 극복하기 위해서 최선을 다한다.

2) 열정(Passion)

열정은 어떤 일에 대한 열렬한 애정을 가지고 열중하는 마음으로 리더는 자신의 삶뿐만 아니라 자신이 밭은 일과 조직에 대한 열정을 지니고 있다. 따라서 자신이 하는 일에 대해서 깊은 애정을 가지고 열중하기 때문에 부하 및 구성원들로 하여금 다른 사람들에게도 열정을 가지게 하며, 나아가 훌륭한 모델로서 희망과 영감을 불러일으킨다.

3) 성실(Integrity)

성실은 인간의 기본적 특성 중 하나로 정성스럽고 참되게 변함없는 것을 말한다. 이 성실에는 지기(자신을 알며), 솔직함(거짓을 부끄러워하며)이 포함된 특성으로 리더는 자신의 장점과 약점을 정확하게 파악하며, 이를 토대로 스스로 계발하고 단점을 최소화하는 노력을 한다.

4) 신뢰성(Trust)

신뢰성은 타인으로 하여금 굳게 믿고 의지하게 하는 것으로 믿음을 주는 것을 말한다. 신뢰성은 리더 혼자서 얻을 수 있는 것이 아니라 구성원들로부터 받는 것으로 성공적인 리더십의 핵심 요소인 신뢰성이 없는 리더는 리더십을 제대로 발휘할 수 없을 뿐만 아니라, 오히려 조직의 갈등의 원인이 되기도 한다.

5) 용기(Daring)

용기는 불가능의 상태에도 좌절하거나 포기하지 않는 것을 말한다. 또한 모든 일에 궁금증을 가지며, 위험을 부담하려는 의지와 새로운 일을 시도하려는 의지로 성공적인 리더들은 이 용기를 가지고 있어 실패를 두려워하지 않으며 실패 또한 자신이 배울 수 있는 경험이라고 생각한다.

6) 지능(Intelligence)

지능은 지적 능력으로 리더가 소속한 분야의 전문성뿐만 아니라 해당 분야에서 유능한 리더로서 조직의 목표를 달성하는 데 있어서 도움이 되는 언어능력, 지각능력, 수리능력 등의 지적 능력을 말한다.

7) 결단력(Determination)

결단력은 리더가 선택을 하는 데 있어서 결정적인 판단을 하거나 단정을 내릴 수 있는 능력으로 단순한 결정능력이 아니라 효과적이고 성공적인 결정을 하기 위해 해당 문제가 당면하고 있는 내외부적 환경과 선택 후 발생될 미래를 예측하여 판단 및 결정하는 능력을 말한다. 이 결단력은 진취성, 지속성, 지배성, 추진력 등과 같은 특성과 연계된다.

8) 자신감(Self-Confidence)

자신감이란 어떠한 것을 할 수 있다는 확신으로 성공적인 리더의 핵심 요소 중 하나이다. 이러한 자신감은 자신의 능력에 대한 신뢰로서 무모한 패기가 아닌, 자신의 능력을 파악하고 이를 토대로 과업의 추진에 있어서 리더의 시도가 옳았다는 것을 확신하게 만드는 것으로 조직 구성원들에게 안정감을 주는 리더십 특성이다.

9) 사교성(Sociability)

사교성이란 조직이나 단체 내에서 사회적 관계를 형성하는 리더의 성향으로 사교성이 있는 리더는 친절하고 개방적이며 이를 통해 구성원들과 원만한 관계를 형성하고 이는 조직의 목표를 달성하는 데 있어서 추진력이 되는 리더십 특성이다.

10) 경청(listen)

경청은 리더가 구성원의 의견과 행동에 관심을 가지고 집중하여 구성원의 의견을 진지하게 듣는 것으로 구성원에 대한 존중과 수용적 태도를 말한다. 즉 단순히 듣기만 하는 것이 아니라 구성원의 이야기를 충분히 이해하면서 구성원의 마음을 헤아리는 리더십 특성이다. 경청은 섬기는 리더의 모습을 보여주는 특징으로 상대방의 이야기를 듣는 것뿐만 아니라 구성원의 의도나 욕구, 내면의 감정까지도 이해하려는 적극적인 자세이다.

11) 공감(empathize)

공감은 리더와 구성원들 관계에서 나타나는 것으로 리더가 구성원의 입장에서 먼저 이해하고 노력하는 행위를 말한다. 즉 구성원의 노력이나 결과가 성공적이지 않더라도 구성원을 한 인간으로서 대우하며 인격적으로 존중하는 리더십의 특성을 말한다. 겸손한 리더는 조직 구성원의 행동이 선의에 기초할 것이라는 믿음에서 출발해 그 사람의 입장이 되어 그의 행동을 진심으로 이해하려는 마음으로 상대방과 느낌을 공유하고 공감하려는 자세를 가지게 된다.

나는 리더십의 어떤 특성들을 가지고 있는지 적어보세요.

변혁적 리더십

변혁적 리더는 질투, 욕심, 공포 등의 천박한 정서가 아니라 자유, 정의, 인도주의와 같은 보다 높은 이상과 도덕적 가치를 추구함으로써 구성원들의 의식을 고취시키는 리더이다.

변혁적 리더십은 직위고하 관계없이 발휘될 수 있으며, 자신과 타 부서의 리더와 구성원들 모두에게 영향을 끼친다. 변혁적 리더는 조직 구성원을 기본적 욕구만을 위한 개인이 아닌, 상위 수준의 욕구를 가진 전인적 인간으로 대우하며, 이들의 욕구needs를 충족시키는 데 관심을 가지고 있다. 변혁적 리더는 구간별 특성 행위가 아니라 과정 전반에 걸쳐 구성원들과 상호작용하는 전반적 차원의 상호관련성의 관계를 중요시한다. 변혁적 리더는 개인 간의 영향과 사회와의 영향 등 미시와 거시적 수준을 모두 고려한다.

거스 히딩크 감독은 우리나라에서는 이순신 장군이나 링컨만큼 강력한 리더십의 상징적인 인물이다. 거스 히딩크는 우리나라를 월드컵 4강에 올렸지만, 그 과정은 결코 순탄치 않았다. 히딩크는 대한축구협회와 스카우트 교섭을 할 때부터 '선수선발과 훈련 등에 일체 간섭하지 말라'는 조건을 내걸고 감독직을 수락했다. 이후, 대한축구협회뿐만 아니라, 각종 언론에서 히딩크 감독의 선수기용에 대해 끊임없이 비판을 했지만 히딩크는 자신의 고집과 원칙을 꺾지 않았다. 체코 대표팀과의 경기에 이어 프랑스 대표팀과의 경기에서도 5대 0으로 패하자 히딩크에게는 '오대영'이라는 조롱 섞인 닉네임이 붙기도 했다. 하지만, 히딩크는 묵묵히 자신의 길을 걸었고, 끝내 그는 월드컵 4강이라는 기적을 만들어냈다.

히딩크가 네덜란드 프로축구팀인 PSV 아인트호벤 감독을 맡고 있을 때였다. 그 팀에는 유명한 스타 호마리우가 있었다. 브라질 출신의 호마리우는 개인의 능력이 뛰어난 신수였지만, 불성실하고 감독의 지시에 잘 따르지 않았다. 훈련시간은 매일 오전 10시였는데, 히딩크는 10분 전에 운동장에 나오지만, 호마리우는 10시 정각이 되어서야 나타나곤 했다. 이런 일이 반복되자, 히딩크는 자신의 손목시계를 10분 빠르게 설정해 두었다. 그리고, 호마리우가 나타나자 자신의 시계를 보여주며 왜 늦었느냐고 물었다. 호마리우는 자신의 시계를 가리키며 자신은 늦지 않았다고 대답했다. 그러자, 히딩크는 "앞으로는 감독의 시계에 맞추라"고 지시했다. 히딩크는 선수들의 잘못을 일일이 꾸짖지 않는다고 한다. 대신 심리적 제재를 통해 스스로 반성하도록 만드는 리더십을 가지고 있다.

우리는 히딩크를 이제껏 '우리나라 팀을 월드컵 4강에 올린 감독'이라는 신화적 관점에서 바라보았다. 그러나 히딩크 감독의 리더십 사례는 매우 과학적이며 합리적인 과정을 거치고 있다. 히딩크가 보여준 리더십에는 MZ세대와 기성세대와의 융합을 위한 새로운 리더십 메커니즘이 숨겨져 있는데 바로 '공감'과 '교감' 그리고 '합의'의 담론화 과정이다.

히딩크 감독은 대한민국 국가대표 축구선수들의 BOI(경영성과지표, Business Outcome Indicator)를 측정하고, 이를 세계적인 팀의 선수들과 비교한다. 이는 기자, 축구협회, 축구팬, 국민의 각자 다른 시간과 영역, 거리에 있는 이들을 하나의 공감 영역으로 불러들이게 된다.

히딩크의 성공요인은 다음과 같다.

꿋꿋함과 소신(Hardiness),

공정성(Impartiality),

기본의 강조(Fundamentals),

혁신의 추구(Innovation),

가치의 공유 (Value Sharing),

전문지식의 활용(Expertise)이다.

히딩크 리더십을 통해 배울 수 있는 것이 무엇인지 적어보세요.

감성 리더십

역사적으로 위대한 리더들은 기술적·지적·인지적 능력 이외에 계획한 목표를 성취하기 위한 강력한 추진력, 일을 주도적으로 이끌어가는 진취력, 협동과 팀워크를 이끌어내는 능력 등의 감성리더십 능력을 지니고 있다.

감성리더십의 특징으로는,

첫째, 우선적으로 자신과 타인의 감정을 이해한다.

둘째, 자신과 타인의 감정 이해를 바탕으로 자신과 타인의 감정을 관리하며, 이러한 관리능력을 통해 긍정적인 관계 및 공감대를 형성한다.

셋째, 형성된 긍정적인 관계 및 공감을 토대로 조직구성원들을 독려하여 조직의 목표를 효과적으로 달성한다.

예를 들면 에이브리함 링컨과 BTS를 말할 수 있다.

에이브라함 링컨이 육군성(국방부) 장관으로 임명한 애드윈 맥마스터 스탠턴은 한때 링컨보다 훨씬 유명한 변호사였다. 그래서 스탠턴은 링컨이 대통령에 당선된 후에도 대통령을 얕보고 그에 대해 경멸적인 언사를 그치지 않았다. 하지만 링컨은 에드윈 스탠턴이 국방부 장관에 최적임이라고 판단하고 과감하게 그를 등용했다. 그는 장관이 된 이후에도 링컨에게 거침없이 직언을 해댔다.

링컨의 판단은 적중했다. 스탠턴은 임명된 지 채 몇 개월도 안 되어 국방부를 민첩하고 유능한 조직으로 전면 개편해 내고 말았다. 더구나 링컨은 국방부에서 올라온 결재서류에 대해서는 스탠턴 장관의 서명이 있는가만 확인했다. 스탠턴의 서명만 있다면 틀림없다고 생각한 것이다.

링컨이 이렇게 하자, 불평불만을 퍼 나르던 스탠턴이 링컨을 대하는 태도 역시 변하기 시작했다. 마침내 스탠턴은 완전히 링컨의 사람이 되었다. 1865년 4월 9일 링컨이 리버퀸호를 타고 워싱턴으로 돌아왔을 때 그를 맨 먼저 포옹하며 남군의 리 장군이 항복했다는 소식을 알려준 사람도 다름 아닌 스탠턴이었고, 링컨이 암살당했을 때, 링컨의 죽음을 보고 누구보다 서럽게 울던 사람, "여기 가장 위대한 사람이 누워 있습니다." "이제 그는 시대를 초월한 인물이 되었다"고 말한 사람 역시 애드윈 스탠턴이었다. 링컨은 "의심하면 쓰지 않되, 일단 쓰면 의심하지 않는다."는 말을 그대로 실천했던 것이다.

BTS의 인기가 왜 높을까?

단순히 춤을 잘 추고 노래를 잘하기 때문일까? 아니다. 감동과 감성이 넘치기 때문에 국경과 피부색깔을 떠나 세계적인 가수로 인정받는 것이다. 사람들과 함께 웃고, 함께 울고… 세계적 공감을 얻어 인기를 얻게 된 것이다.

지난번 BTS가 UN연설을 하였는데 "아마 어제는 제가 실수를 한 것 같습니다. 하지만 어제의 나 역시 여전히 나입니다. 대부분의 사람들처럼 저도 살면서 많은 실수를 저질렀습니다. 저는 결점도 많고 두려움도 많지만 최선을 다해 나 자신을 끌어안을 것입니다."라고 했다. 일상적인 이야기이지만 수많은 젊은이들의 공감을 얻었다. 그들의 마음을 움직인 것이다.

세계 농아인들을 감동시킨 일도 있다. '퍼미션 투 댄스'에서 평화를 뜻하는 수어로 안무를 하였다. 이 수어안무는 농아인들뿐만 아니라 전 세계인들을 감동시켰다. 농아인들이 BTS 목소리를 통한 노래를 들을 수 없지만 춤으로 그들의 음악을 듣게 되었으니 얼마나 감동적이었을까? 농아인들을 포함한 모든 이들에게 평화의 노래를 들려주려고 한 이 젊은이들의 따뜻한 마음과 춤을 지켜본 세계의 수많은 팬들이 감동을 받은 것이다.

바쁜 해외공연 중 3·1절을 맞아서는 아리랑을 불렀다. 대한민국 국민뿐만 아니라 모든 외국인들과 함께 부르며 감동을 준 무대를 꾸몄다. 이들은 그 누구보다 진정한 애국자이기도 했다. BTS는 국경을 초월하여 모든 사람들에게 감동을 주는 감성 리더이다.

나의 생각창고

링컨과 BTS를 통해 느낀 점은 무엇인지 적어보세요.

임파워링 리더십

임파워링 리더십은 한마디로 임파워먼트empowerment하는 리더십이다. 명확한 목표, 권한, 책임, 지도를 제공해 맡은 일에 주인의식을 심어주는 리더십. 즉 조직의 생명력과 기氣를 살려주는 리더십이다.

파워power는 포스force보다 강하다고 한다. 포스는 환경에 의해 생겨나고, 파워는 태어날 때부터 내면에 갖고 있다. 후천적으로 내면의 그 힘을 이끌어내는 의도적인 과정이 임파워링empowering이다. 이 임파워링 리더십은 자치분권시대에 가장 부합하는 리더십이라 할 수 있다.

임파워먼트의 사전적 의미는 공식적으로 상위자가 하위자에게 파워 또는 권한을 부여하는 것이며 구성원 및 조직의 역량 증대 및 역량을 활용하는 것이다. 임파워먼트의 목적은 능동적이며 자율적 창조경영을 통한 성과증진, 수동적이고 상황 적응적 관리reactive management를 지양하고 능동적이며 상황 창조적 관리flexible management를 추구하는 것이다.

미국의 기업가 마이크로 소프트를 설립한 빌게이츠는 세계에서 가장 뛰어난 인재들이 하나로 모여 각자 자신의 무한한 잠재력을 마음껏 발휘할 수 있도록 최적의 업무환경을 조성하는 데 많은 노력을 하였다. 특히 핵심인재들과 회사의 모든 정보를 투명하게 공유하여 동참을 유도하기도 하고, 스톡옵션을 공정하게 분배히어 주인의식을 고취하기도 했다. 또한 상하 간 격의 없는 수평적인 커뮤니케이션을 통해 직원들 하여금 박탈감을 느끼지 않도록 했다. 빌게이츠는 권한과 분배를 통한 임파워링 리더십의 대표자이다. 임파워먼트의 실행방법은 권한 이전 즉 권한 이양을 하는 것이다. 권한 위임을 넘어서서 가장 효과적으로 파워가 쓰이는 곳에 실질적으로 파워를 부여하는 것으로 power delegation(권한 위임)보다는 power devolution(권한 이양)의 관점으로 볼 수 있다.

주민자치를 위한 임파워먼트에 대한 생각을 적어보세요.

서번트 리더십

서번트 리더십Servant Leadership은 고용인, 종업원, 하인, 종을 의미하는 Servant(서번트)와 상대개념인 지휘자, 통치자, 주인을 의미하는 Leader(리더)의 개념이 합쳐진 것으로 조직의 리더가 먼저 조직구성원들과 달성하고자 하는 목표를 공유하고 조직구성원의 성장을 도모함으로써 리더와 구성원 사이의 신뢰를 형성하여 궁극적으로 리더와 구성원들이 공유하고 있는 목표를 달성하여 조직의 성과를 달성하게 하는 리더십이다.

한국의 슈바이처 장기려박사(1911년∽1995년)는 "나는 치료비가 없어서 의사의 진찰을 받지 못하고 죽는 환자들을 위하여 의사 일을 하려고 결심하였다. 그래서 의사가 된 날부터 지금까지 치료비가 없는 환자를 위한 책임감을 잊어버린 적은 없었다. 나는 이 결심을 잊지 않고 살면 나의 생에는 성공이요. 이 생각을 잊고 살면 실패라고 생각하고 있다"라고 했다.

그는 수술비가 없는 환자를 위해 자신의 돈으로 수술을 해주고, 그나마도 감당할 수 없게 되면 밤에 몰래 환자를 탈출시키기도 한 것이다. 그리고 평생 자기 집 한 채 가지지 못하고 병원 옥상 사택에서 살다가 1995년 12월 추운 겨울날 새벽에 세상을 떠나고 말았다. 절대 빈곤시절의 '천막무료진료'부터 미래를 내다 본 의료복지정책인 '청십자의료조합'은 그의 '사랑'이 이뤄낸 기적이었다.

닭과 관련하여 연상되는 단어가 있는가? 닭 머리라고 하지 않고 닭대가리라고 하는 사람들이 많다. 왜 그럴까?

닭은 새벽을 깨우며 운다. 그런데 청주의 양계장에서 캄캄한 밤중에 닭들이 비명을 지르며 난리가 난 것처럼 운다. 깜짝 놀란 주인은 이른 아침에 닭장에서 기겁을 했다. 수많은 닭들이 죽어 있었던 것이다. 2013년 5월 1일 청주의 한 양계장에 수리부엉이가 침입해 닭 4,000여 마리가 떼죽음을 당한 사건이다. 청주시 흥덕구 휴암동에서 양계장을 운영하는 전모 씨는 1일 "양계장에 가보니 닭 4000여 마리 대부분이 죽어 있었다."고 말했다.

그 이유는 금방 밝혀졌는데, 닭장 한쪽 구석에서 닭들의 천적인 수리부엉이 한 마리가 닭 한 마리를 낚아채 여유롭게 먹고 있었던 것이다. 전씨는 "닭들이 수리부엉이의 침입에 놀라 이리저리 몰려다니다 압사당한 것으로 추정된다."고 말했다. 수리부엉이는 양계장 천장의 환기구를 통해 전날 밤 침입한 것으로 추정되었다. 수리부엉이는 전 씨의 신고를 받고 출동한 119구조대에 의해 생포됐다.

수리부엉이 한 마리가 무려 4,000마리를 죽인 것이다. 엄밀히 말하면 수리부엉이가 죽인 것이 아니라, 닭들이 서로 먼저 살겠다고 출구 쪽으로 달려가다 압사당한 것이다. 수리부엉이는 한 마리만 죽였는데, 나머지 닭들은 동료 닭들이 죽인 것이다. 희생하기 싫어하는 닭들의 너 죽고 나 살자가 낳은 끔찍한 결과이다. 닭들은 천적인 수리부엉이의 공격에서 자신이 살아남기 위해 발버둥 치다가 동료 닭도 죽이고 자기도 죽는다. 참으로 안타까운 일이다. 희생을 최소화할 수 있는 길은 없었을까? 양계장의 닭 중에 좋은 리더가 없어서 많은 희생을 치르게 된 것이다.

꿀벌의 이야기를 해보자. 꿀벌은 꿀을 절대 혼자 먹지 않는다. 밖에 나갔다가 꿀을 발견하면 벌집에 돌아와 동료들 앞에서 춤부터 춘다. 그런데 이 춤은 사실 소통의 수단이다. 동료 벌들에게 꽃과 꿀이 얼마나 멀리 있는지, 얼마나 많이 있는지, 어느 방향으로 가야 하는지를 날갯짓으로 알려주는 것이다. 그러면 그것을 본 다른 꿀벌들이 어떤 방향으로 몇 마리를 보내야 할지 결정한다. 그렇게 꿀벌들은 협력해 같이 꿀을 모아간다. 함께 벌집에 저장하고, 함께 꿀을 먹는다.

그런데 어느 날 꿀벌의 집에 천적인 말벌이 침입하였다. 그러면 어떻게 대응할까? 말벌 한 마리는 꿀벌보다 대개 5~6배 크다. 일단, 꿀벌들이 말벌 주위를 뺑 둘러가며 에워싼다. 그러고는 열심히 날갯짓을 한다. 온도를 높이기 위해서다. 말벌이 고온에 약하다는 사실을 꿀벌들은 안다. 그래서 45도까지 온도가 상승하면 말벌은 죽고 만다. 이 과정에서 꿀벌 중 몇 마리는 말벌의 공격에 죽기도 한다. 그러나 자신이 죽는 한이 있더라도 포위망을 절대 풀지 않는다. 말벌이 죽고 나면 다시 꿀벌들은 날갯짓을 열심히 해 온도를 낮춘다. 48도가 되면 자신들도 죽는다는 사실을 알기 때문이다.

꿀벌들은 자기 한 몸 희생을 각오한 결과 적인 말벌을 죽이는 데 성공한다. 그렇게 '나 죽고 우리 살자' 식으로 생존해 간다. 벌들은 명분 있는 희생을 하는 것이다. 이 꿀벌을 통해서 조직을 위해 자기희생을 하는 서번트 리더십을 배울 수 있다.

어떤 리더가 될 것인가?

어떤 사람이 훌륭한 리더인가?

빨리 가려면 혼자 가고, 멀리 가려면 함께 가라!

혼자만의 힘으로?

사람들과 더불어...
협력과 조직의 힘!

필수적인 역량은?
LEADERSHIP !!!

나는 어떤 리더가 될 것인가? 그 각오를 적어보세요.

9장

마을
만들기

우리가 살고 싶은 마을! 우리가 꿈꾸는 마을은 어떤 모습일까?

가끔씩 영화나 TV드라마 속에 나오는 예쁘고 특별한 마을의 모습을 보게 되면 내가 어릴 때 꿈꾸었던 마을이 아닌가 생각한다. 그곳 마을에는 사람들이 함께 일상을 공유하며 각 개인의 삶이 마을을 통해 함께 펼쳐진다. 청춘의 사랑이 이루어지고 결혼하며, 아이가 태어나고 아이가 마을을 통해서 사회를 배워가고 성장한다. 함께 놀며 생활하고 늙고 병들어 죽는 우리의 일상이 공유되는 마을이 우리가 꿈꾸는 마을일 것이다.

그런 마을이 되려면 마을 사람들 사이에 끊어진 관계가 회복되고 튼튼해져야 한다. 따라서 마을만들기 운동은 사람들의 일상의 관계를 통해서 회복하는 것을 지원하는 운동이 되어야 한다. 마을은 마을 사람의 놀이터가 되어야 한다. 좋은 마을은 마을 사람들이 싸우지 않고 잘 노는 동네다. 취미활동과 마을축제가 일상화되어 마을 사람들이 함께 잘 노는 것이 무엇보다 중요하다.

어린 시절 시골 마을에서는 길을 가다가 어른을 만나면 으레 "진지 드셨습니까?"라는 인사를 드린다. 그러면 어르신께서는 "그래 너도 밥 먹었니? 어디 가니?"라고 말씀하신다. 아이의 이름을 알고 있는 것은 당연하고 '누구의 아들, 누구의 딸'이라는 말도 익숙했다. 마루에 누군가 갖다 놓은 먹거리를 보면 어머니는 그것이 누구 집에서 준 것인지를 바로 아신다. 저녁이나 혹은 한가한 겨울이 되면 어른들이나 애들은 친구를 만나기 위해 마실을 간다.

그런데 요즘 우리의 일상을 돌아보자. 혹시 엘리베이터에서 아파트 주민을 만나게 되면 "안녕하세요!"라고 구두로 인사하거나 아니면 목례로 인사를 나누는 사람들이 얼마나 될까? 아파트 단지에서 엘리베이터 안에서 주민을 만나면 왠지 서먹서먹한 분위기를 모면해 보려고 휴대폰을 보는 척하거나 엘리베이터 벽면의 거울을 바라보기도 한다. 아파트 옆집에, 그리고 위 아랫집에 누가 사는지 모르는 사람들이 많다.

우리나라에서는 '도시재생'이나 '지역혁신'이란 이름으로 마을만들기 사업이 확장되고 있는데 지역 공동체의 구성원이 주체가 되는 것이 중요하다. 또한 지역 주민이 즐겁게 놀 수 있는play 곳이어야 재생play이 완성된다. 한 지역이 고유성을 갖기 위해서는 자신들이 확보한 거점(마을, 공간)에 시간(역사)을 담아내어야 한다.

마을의 개념

　마을은 사람들이 모여 사는 곳으로, 말 또는 마실 그리고 타운Town이라고도 한다. 주로 도시City보다는 작고, 촌락Village보다는 큰 거주 지역을 가리키는 의미로 사용되나, 한국어에서는 촌락이나 부락 등의 단어가 마을을 대신하여 사용되기도 한다. 영어로는 Village, Town, City 일본어로는 村むら, 里さと 중국어로는 村cūn이다.

　'마을'은 순우리말이다. '마을'의 어원은 '물'로 옛날에는 'ㅁ+아래아+ㄹ'으로 썼다. '마을'은 'ㅁ·ㄹ'+'ㅅ·ㄹ'의 합성어로, 그 후 'ㅁ·ㄹ'에서 'ㄹ'이 탈락하고 'ㅅ·ㄹ'에서 'ㅅ'이 유성음화하여 생겨났다.

　여기서 'ㅁ·ㄹ'은 '촌村'을, 'ㅅ·ㄹ'은 '곡谷'을 뜻한다. 'ㅁ·ㄹ村'은 '땅地'과 '뭍陸', '묻다埋', '마당場', '뫼山', '매野', '모래沙'의 의미를 갖고 있고, 'ㅅ·ㄹ谷'은 모음교체 현상으로 나중에 '실'이 되는데 '흙土'을 의미한다. 흙으로 만든 토기를 '시루'라고 하는 것도 이와 같은 이유다. 실은 의미가 확장되어 '谷'을 포함하게 되는데, 이는 '돌실石谷', '닭실酉谷', '밤실栗谷' 등과 같은 마을 이름에서 그 예를 찾을 수 있다. 마을 이름도 밤나무골, 감나무골, 배나무골, 버드실(버드나무가 많은 마을), 모래내(모래가 있는 시내) 윗말(윗마을), 아랫말(아랫마을), 위뜸(윗마을), 아래뜸(아랫마을), 우터골(골짜기 윗마을), 독배(배가 들어오는 어촌) 등 특징에 따라 지었다.

말은 지명에 사용되고 있는데, 아랫말, 윗말에 포함되어 있다. 또한 '마실가다'의 본뜻은 마을에 가다로 집에서 멀지 않은 사람들이 더 많이 모여 있는 이웃에 가다라는 의미로 추정된다. 또한 모라도 마을과 같은 어원을 가지고 있다. 자연적으로 발생한 마을은 씨족 단위의 공동체로 분가한 가족이 근처에 살면서 이루어지게 된다.

경상도 사투리로는 '마실'이라고 하는데, 마을도 마실도 아니고 [마알, 마잘]에 가까운 중간음이 있었다. 훈민정음 창제 당시에 쓰였던 시옷이 아닌 반치음(세모)을 알면 쉽게 이해를 할 수 있다.

그보다 이전에는 마을을 '모라'라고 했다. 부산지역에

가면 지금도 [모라동]이란 지명이 있는데, 그 모라는 바로 오늘날의 마을을 뜻하는 옛말이다. 참고로 촌(村)을 일본어로는 '무라'라고 하는데 우리의 옛말인 '모라'가 건너간 것이다.

위치에 따라 마을을 설명하면 다음과 같다.

- 야촌(野村) – 평야 지역에 형성된 마을.
- 산촌(山村) – 산간 지역에 형성된 마을.
- 진촌(津村) – 강변(주로 나루터)에 형성된 마을.
- 사하촌(寺下村) – 절 주변에 있는 마을.
- 광산촌 – 광산 주변에 형성된 마을. 광산의 경기에 따라 흥망이 좌우된다.
- 관광촌 – 관광지 주변에 형성된 마을. 주민 대다수가 관광객들의 지출로 먹고 사는 마을.
- 기지촌 – 군부대, 기지 주변에 형성된 마을.
- 교촌(校村) – 향교, 학교, 대학 등 교육기관 주변에 형성된 마을.

종사하는 산업에 따라 분류하면 농촌과 어촌이 있다.

- 농촌(農村) – 주민 대다수가 농업에 종사하는 마을.
- 어촌(漁村) – 주민 대다수가 어업에 종사하는 마을.

마을을 나타내는 공식 행정구역은 '읍, 면, 동, 리'로 구분한다. 비공식 행정구역은 '마을, 부락, 권역'으로 사용하기도 한다.

나의 생각창고

내가 사는 마을은 어떤 마을인지 적어보세요.

마을만들기의 개념과 원칙

마을만들기란 마을에 살고 있는 주민 스스로가 마을환경의 물리적인 개선뿐만 아니라, 주민간의 관계와 활동을 창조하는 것을 모두 포괄하는 것으로, 생활환경의 문제를 주민이 함께 해결하고 주민 공동체를 회복하는 일련의 활동을 의미한다. 주민 스스로 마을만들기를 장려하기 위해 추진되는 사업으로 주민조직 발굴과 주민역량 강화, 주민 활동 지원 등의 모든 활동을 포함한다.

거주와 생활의 장소인 마을을 유지하고, 관리하며, 창조하는 활동 모두가 마을만들기라고 할 수 있는 넓은 개념이다. 마을 만들기는 종래의 가치관을 바꾸고자 하는 것이다.

'마을만들기'란 말은 일본에서 1998년 공동화한 도심을 활성화하기 위해 시작한 개념이다. 당시 마을만들기ㅌ

ちづくり 3법이 제정되었는데 도시계획법, 소규모소매점포 입지법, 중심시가지활성화법으로 구성되어 있다. 하지만 일본 시민사회는 '마을만들기'의 핵심을 마을 커뮤니티 회복으로 봤다. 법과 행정으로 틀을 만드는 일도 중요하지만 마을을 구성하는 사람들의 삶에 초점을 맞추는 것이 우선이기 때문이다.

마을 만들기의 몇 가지 원칙을 살펴보면 다음과 같다.

첫째, 공공복지의 원칙이다. 거주환경이나 마을 경관, 지역경제, 교육, 문화 등, 지역사회의 공공복지에 관한 사항을 유지 향상시켜 안전성, 쾌적성, 보건, 위생 등 기본적인 생활의 조건과 문화적인 생활을 위한 조건을 정비하여 공공의 복지를 실현한다.

둘째, 지역성의 원칙이다. 각각의 지역에 존재하는 다양한(사회적, 물적, 문화적, 자연적, 역사적인) 지역의 자원과 잠재력을 살려 지역 고유성에 입각하여 진행되어야 한다.

셋째, bottom up의 원칙이다. 공권력의 행사인 도시계획이나 거대자본에 의한 도시개발과는 달리, 지역사회의 주민과 시민의 발상에 근거하여 지역사회의 저변으로부터의 활동의 적립에 의해, 그 자원을 보전하고 지역사회를 지속적으로 개선 및 발전 향상시킨다.

넷째, 다양한 주체에 의한 협동의 원칙이다. 개인이나 각각의 조직이 자립하면서 서로가 보완, 연대, 협동하여 활동한다. 이는 하나의 마을만들기 활동 내에서도 여러 가지의 마을만들기가 연대하는 마을만들기에서도 공통으로 적용된다.

다섯째, 지속가능성, 지역 내 순환의 원칙이다. 지속가능한 사회와 환경을 목표로 일거에 특정한 목적을 달성하는 것이 아니라, 시간을 두고 점진적인 과정을 거치면서 지역사회를 구성하는 다양한 주체의 참가를 유도하여 지속적으로 진행한다. 그리고 자원이나 재산, 그리고 인재가 지역 내를 순환하여 지속가능한 지역사회를 유지하면서 운영한다.

여섯째, 개인의 개발과 창조성의 원칙이다. 주민 한 사람 한 사람이 모여 개개의 조직의 개성과 발상을 살려 각각의 수준이 높아지면서 개인의 자립과 창의성에 의해 지역이 운영되어 마을만들기가 진행된다.

마을만들기 활성화 과정을 공주시의 예를 들어본다.

" 지역 활성화와 시민의 삶의 질 향상 "

마을 만들기 활성화 과정

1. 예비단계(역량 강화)

· 마을사업 시작단계
  · 농촌 현장 포럼 등
  · 희망마을 선행사업 등
  · 교육 · 컨설팅 위주 소규모 실행사업
· 마을발전 계획 수립
· 소규모 자체사업 경험 축적

2. 진입단계(기반구축)

· 기반 구축단계
  · 예비단계 완료지구 대상
  · 마을 만들기 활동 진입
· 마을발전 기반조성과 프로그램 구상

3. 발전단계(종합개발)

· 마을종합 정비단계
  · 진입단계 완료 대상
  · 대규모 종합개발
  · 기초생활거점 육성 사업, 농촌중심지 활성화
  · 권역단위 정비, 시 · 군 창의 아이디어 등
· 거점지역 개발을 통한 배후지역 연계 구축

4. 자립단계(활성화)

· 유지 관리단계
  · 완료지구 활성화 지원
  · 농어촌 인성학교 지정
  · 농촌체험휴양마을 인증
  · S/W 프로그램 사업 등
· 사후 유지관리 및 활성화를 위한
  융 · 복합사업 추진

출처: 공주시 공동체종합지원센터 마을만들기 활성화 과정

사례: 일본 도쿄 세타가야구

바람직한 마을만들기의 시초인 세타가야구는 주민과 행정의 적절한 역할 분담과 오랜 마을만들기의 경험과 탄탄한 제도를 토대로 점점 더 마을을 발전시켰다. 도쿄도

259

에 위치한 세다가야구는 인구 약 80만 명, 면적 약 58㎢
이다.

1970년대 고도성장으로 인한 공해문제와 자연파괴문
제 등이 불거지면서 개발에 대한 주민들의 반대운동이 심
화되고, 이로 인해 주민과 행정 간에 마찰과 대립이 지
속되었다. 1970년대 후반 들어 주민과 행정 간의 타협의
결과물로 마찌즈꾸리가 탄생되었다.

<추진과정>

구분	내용
제1기 발아기 (1975~1981)	• 개발에 대한 주민들의 반대운동이 심화 • 주민과 행정의 타협 결과물로 마찌즈꾸리 탄생 • 세타가야 타이시도 지역의 '목조주택 재정비 사업'(최초 추진 사업)
제2기 정비기 (1982~1991)	• 1982년 마을만들기 조례 제정(구청 내에 도시디자인실, 마을 만들기 추진과 설치)
제3기 실천기 (1992년 이후)	• 1992년 마을 만들기 지원센터를 설치하여 주민에게 환경설계 및 주민공동체운동에 대한 학습 기회 제공(아이디어공모→워크숍→모의실험→공동제작→사업시행) • 마만들기 펀드 설립(마을마들기 지원자금)

대표적인 프로젝트는 가라수야마가와 녹도 조성사업이
다. 주민협의회의 의견을 받아들여 당초 직선으로 정비하
려던 세타가야구의 정비계획안을 원래 하천부지의 자연

스러운 모습의 굴곡형태로 바꾸고, 사라진 하천을 실개천으로 복원하는 데 성공하였다. 이 사업은 주민중심의 정비사업으로의 전환, 주민참여의 조직화 및 활성화, 관민협력의 모형을 제시한 마을만들기 사업이었다.

이 마을만들기 사업은 30여 년의 마을만들기 경험에서 축적된 노하우를 바탕으로 세타가야구 마을만들기 지원제도로 정립되었다. 마을 여건에 맞는 제도가 제정되었고, 반공공·반민간 기구의 마을만들기 센터가 설립되어 재정적 독립을 위한 독자적 운영기금의 마을만들기 펀드가 안착하였다.

우리 마을은 어떻게 마을 만들기 사업을 하고 있는지 적어보세요.

마을공동체란?

주민 개인의 자유와 권리가 존중되며, 상호 대등한 관계 속에서 마을에 관한 일을 주민이 결정하고 추진하는 주민자치 공동체를 말한다. 마을공동체의 필요성은 다음과 같다.

첫째, 급속한 도시화와 공동체 회복이다. 급속한 도시화와 개발로 사라진 '사람의 가치'와 '신뢰의 관계망'을 회복하고자 하는 공동체 의식 대두이다.

둘째, 주민들의 의식변화이다. 주민들이 점차 자신의 문제로서 마을의 문제를 받아들이고 해결하려는 움직임이 활발해지고 있다.

셋째, 마을만들기 기본원칙으로 주민간의 긴밀한 관계 형성을 통한 주민공동체 회복을 지향, 마을의 역사성, 정체성을 보존하고 마을의 개성과 문화의 다양성을 존중하며 추진하고, 주민의 참여를 기반으로 주민이 주도하며, 주민과 행정기관의 상호신뢰와 협력을 통해 추진해야 한다.

20여 년 동안 엄청난 재정투자로 진행된 정부 주도의 마을 만들기 운동이 이렇다 할 성과를 내지 못한 것은 사람 사이의 관계 문제를 고민조차 하지 않았기 때문이다. 무조건 시설위주로만 지원했기 때문이다.

어떤 마을 공동체가 되어야 할까?

먼저, 마을이 함께 배우고 가르치는 교육공동체가 이루어져야 한다. 아이들 공동 교육은 물론이며 더불어서 마을 사람들의 평생교육활동이 마을 안에서 이루어져야 한다. 다음은, 생활과 복지공동체가 되어야 한다. 소비와 생산 활동의 공유가 실현되고 스스로 마을복지계획을 수립하고 실천할 수 있어야 한다. 공동생산·소비매장이나 공유공간이 꼭 필요하다. 그리고 환경을 공유하고 보전해 나가야 한다. 마을환경은 마을 사람 모두의 공유자산이며 생활의 터전이기 때문이다.

지금도 여전히 마을공동체 지원센터의 주요 사업은 마을 꽃밭 가꾸기 수준을 못 벗어나고 있다. 지원센터도 참여하는 사람들도 무엇이 우선적이고 중요한지 알지 못하기 때문이다.

우리 마을은 어떤 공동체가 되어야 하는지 적어보세요.

10장

갈등관리,
비전을 가지고
소통하라!

급변하는 외부 환경에 민첩하게 대응하며 지속 성장을 지향하는 조직이 되기 위해서는 구성원들의 협력과 소통이 중요한 성장 동력이 될 것이다. 조직성장 장애요인은 외부 환경으로 인한 위협요소도 있겠지만, 조직 내부, 부서 간, 직책 간, 세대 간 갈등으로 인한 소통의 벽이 문제가 될 수 있다. 자칫 오해와 갈등을 유발할 수 있는 부정적인 커뮤니케이션도 직시하면서 갈등 관리 커뮤니케이션을 통해 상호 간에 이해심과 유대관계를 한층 높여 급변하는 산업 환경에 대응하는 보다 민첩한 조직 문화를 유지할 수 있길 바란다. 내가 아닌 타인의 관점에서도 인지하고 허심탄회하게 대화 나누는 시간은 인간관계의 중요한 가치라고 할 수 있다.

조직 내에서 발생하는 갈등 사례들은 성격 차이, 세대 차이, 소통 방식의 차이 등 다양한 이유가 있다. 이로 인해 생겨나는 갈등은 조직과 팀의 분위기를 해치고 성과를 가로막는 장애물이다. 개인이나 집단 사이에 목표나 이해관계가 달라서 서로 적대시하거나 충돌하는 상태를 갈등이라고 한다. 갈등 관리 커뮤니케이션은 서로가 다른 사고방식과 목표를 가지고 있음을 이해하고, 서로가 양보할 수 있는 부분에 집중할 때 좋은 결과를 가져온다.

갈등에는 내적인 갈등과 외적인 갈등이 있다. 내적 갈등은 한 사람의 마음속에서 생각이나 하고자 하는 일이 부딪혀 나타나는 현상을 말한다. 외적 갈등은 사람과 사람, 사람과 사회, 자연 등이 부딪혀 나타나는 현상을 말한다. 조직 내에 갈등이 생기는 가장 큰 이유는 목표나 이해관계에 달려 있다. 서로가 충돌할 수밖에 없는 방향을 가지고 있기 때문이다.

나의 생각창고

우리 주민자치(위원) 내의 내적갈등과 외적갈등이
무엇이라고 생각하는가?

....

....

....

....

....

....

....

....

....

....

....

....

....

어떤 마음으로
커뮤니케이션을 할 것인가?

우리는 갈등이 생기는 원인을 분석 분류하고 갈등 상황에서 충돌하는 가치관과 신념을 이해해야 한다. 갈등을 맞닥뜨렸을 때 어떤 행동을 하는가에 대해 진단을 통해 살펴보고, 그 행동에 따라 생길 수 있는 장점과 단점을 알아보도록 하겠다. 먼저 상대를 이해하기이다. 조직에서 발생하는 갈등의 종류는 다양하다. 이 모든 갈등을 다 해결하거나 관리할 수는 없다. 자신이 바꿀 수 없는 것들에 대해서는 이해의 폭을 넓히는 과정이 필요하다. 우리는 마주치는 사람의 성격 차이로 인한 갈등, 업무 지시를 주고받을 때 생기는 갈등, 불편한 업무 프로세스 때문에 생기는 갈등, 서로 간의 마음을 알아주지 않아서 발생하는 갈등, 세대 차이로 인한 갈등, 조직 문화적응 과정에서의 갈등 등을 겪는다. 어느 정도까지는 조직 문화를 이해하고 스며드는 과정이 필요하다. 갈등이 생기는 요소들을 살펴보면 조직 문화와 맞물려 저마다 나름대로의 합리성과 효율성을 가지고 있는 경우가 대부분이다. 이를 더 자세히 이해하고 파악할수록 갈등을 줄일 수 있다. 성격은 어떤 특정한 사람을 다른 사람과 구분 짓게 만드는 안정적이고 잘 변하지 않는 특성이다. 만나는 모든 사람들은 저마다의 성격으로 인하여 업무 방식, 대인관계 방식, 소통 방식이 다르다. 따라서 자연스럽게 서로에 대한 이해를 통해 갈등을 줄여 나가야 한다. 다음은 스스로 변화하기이다. 갈등관리 커뮤니케이션에 있어 중요한 것은 스스로 변할 수 있는 부분을 생각하고 실제적인 변화를 만들어내는 것이다. 어떤 마음과 어떤 방식으로 커뮤니케이션에 임할 것인가에 대해서 스스로 의지를 가지고 태도를 변화하는 것이 중요하다.

어떤 마음과 어떤 방식으로 커뮤니케이션을 할 것인가? 이 두 질문에는 두 가지 답이 있다. 바로 자신의 감정 이해와 타인에 대한 공감이다. 첫 번째로 자기 감정을 이해하고 자신의 감정을 조절하여 상대방에게 적절하게 표현해야 한다. 갈등 상황에서 생기는 부정적인 감정에 휩쓸리지 않는 것이 무엇보다 중요하다는 사실을 상기해야 한다. 자신이 어떤 감정으로 어떤 태도로 타인을 대하고 갈등을 풀어나갈 것인가에 갈등 관리의 전부가 달려 있다고도 할 수 있다. 두 번째, 타인의 감정을 이해하고 타인의 감정에 공감해야 한다. 자신의 생각만 옳다고 고집하는 것이 아니라 타인의 생각을 존중하고 다름을 인정하는 것이다. 공감을 가로막는 '어떻게 그렇게 느낄 수 있지' '어떻게 그런 말을 할 수 있지' '난 당신이 이해가 안 돼' 이런 말 들을 피하고 공감의 언어를 활용해야 한다. 차이를 이해하는 것, 타인에게 공감하는 것, 갈등을 해소하는 가장 중요하고 필요한 요소이다.

나의 생각창고

우리 주민자치에 갈등요인을 적고, 그 해법을 적으세요.

칭찬은 고래도 춤추게 한다

인간관계에서 중요한 부분은 상대방은 틀린 것이 아니라 서로 다를 뿐임을 인지하는 것이다. 인간관계의 황금률은 내가 대접받고 싶은 대로 대접하라, 즉 상대가 원하는 대로 대접하는 것이다. 또한 칭찬보다 더 좋은 것은 없다고 한다.

칭찬 방법 7가지

1. 막연하게 하지 말고 구체적으로 칭찬하라.

2. 본인도 몰랐던 장점을 찾아 칭찬하라.

3. 공개적으로 하거나 제3자에게 전달하라.

4. 차별화된 방식으로 칭찬하라.

5. 결과뿐 아니라 과정을 칭찬하라.

6. 예상외의 상황에서 칭찬하라.

7. 다양한 방식으로 칭찬하라.

미국의 한 경영컨설턴트는 효과적인 리더십을 발휘하는 데는 칭찬이 최고라고 강조한다. 이 컨설턴트는 해피노트를 작성하고 있는데, 이곳에 부하, 동료, 상사, 자녀, 가족 등 주변에 있는 사람들의 단점이 아닌 장점만 골라 적어 놓고 칭찬을 한다고 한다. 왜냐하면 상대에게 신뢰를 주고 동기를 유발하는 데는 칭찬만 한 게 없기 때문이다. 이런 점에서 조직에 생기를 넣으려면 "미인대칭을 잘해라"라고 주문하고 싶다. 이 이야기는 '미'소, '인'사, '대'화, '칭'찬을 생활화하라는 이야기이다.

첫째, 항상 미소를 지어라.

미소를 지으면 좋은 점이 많다. 우선 엔돌핀이 돌아 좋고, 돌연사를 예방한다고 한다. 굳이 황수관 박사를 들먹이지 않아도 될 것이다. 우리나라의 대표적인 여행가인 김찬삼 박사는 아프리카 여행을 앞두고 미소 짓는 법을 6개월 동안 배우고 아프리카 오지로 떠났다고 한다. 지구촌에 감히 누가 웃는 얼굴에 누가 침을 뱉겠는가?

둘째, 인사를 해라.

인사가 만사萬事라는 말이 있다. 모 은행장의 일화이다. 이 행장은 매일 '오잘·오수·오즐' 경영을 한다. 바로 "오늘도 잘 합시다.", "오늘도 즐겁게 합시다.", "오늘도 수고하세요."이다. 여러분 조직에 '오잘·오수·오즐'을 항상 해보아라. 당신 조직의 경영실적은 어느 조직보다 뛰어날 것이고 늘 상한가를 칠 것이다.

셋째, 대화를 하라.

대화는 '상대가 먼저'가 아니라 '내가 먼저' 해야 한다. 상대가 말문을 열도록 하라. 대화를 하라고 하면 자신의 이야기만 늘어놓기가 십상이다. 당신 이야기를 하질 말고 역으로 상대의 이야기를 들어주라. 조물주는 두 개의 귀로 듣고 한 개의 입으로 말을 하도록 만들었다. 남의 이야기를 우선 잘 들어주라. 당신이 잘 들어주는 만큼 대화 문화는 그만큼 꽃을 활짝 필 것이다.

넷째, '칭7·꾸3'을 생활화해라.

칭찬을 잘하는 데는 '칭7·꾸3'이란 법칙이 있다. 이 말은 칭찬 70%, 꾸지람 30%, 즉 꾸지람보다는 칭찬을 더

하라는 이야기이다. 무엇이든지 칭찬거리를 찾고 칭찬할
일이 있으면 곧바로 하라는 말이다.

이렇게 대인관계에 있어 '미·인·대·칭' 전략이 좋은 건
상대에게 신뢰를 주는 것 이외에도 전혀 돈이 들지 않는
다는 점이다.

우리 주민자치위원 이름 모두를 적고,
칭찬할 내용을 한 가지씩 적으세요.

웃으면 복이 온다

　세계적인 성공 동기부여가 브라이언 트레이시는 성공의 85%는 사람을 대하는 개인의 태도에 달려 있다고 이야기한다. 성공과 행복을 만드는 열쇠는 인간관계에 있고 얼마나 잘 웃는지에 달려 있다고 한다. 서로를 이해하고 서로 소통할 수 있는 효과적인 방법은 사람들과 친밀한 관계를 형성하고 유지하는 것이다. 호감을 높이려면 상대를 한 단계 위로 본다는 느낌을 주어 상대방의 자존심을 세워주어야 한다. 무작정 화를 내거나 언성을 높이고 욕을 하는 등 가학적인 방식으로 표출하는 것은 감정을 덜어내지 못하고 오히려 증폭시킬 뿐이다. 감정을 표현할 때 가장 어려운 것은 수위조절이다. 극단적으로 억제, 분출하지 않고 적절하게 표현하는 것이 중요하다.

웃으면 복이 온다. 복이 와서 웃는 것이 아니라 웃어서 복이 온다는 것이다. 사람을 변화시키려면 마음을 바꾸어야 하는데 참으로 힘든 일이다. 그러나 바꾸는 방법이 있는데 얼굴을 바꾸면 된다. 곧 나의 관상을 바꾸는 것이다. 중국 송나라에 마의라는 유명한 관상가가 있었다. 추운 겨울에도 베옷만 입고 다녀서 마의라 불렸다고 한다. 마의는 세상에서 가장 나쁜 상은 수심이 그득한 상(우리말로 우거지상)이며, 세상에서 가장 좋은 상은 웃는 상이라고 했다. 그 상이라 하는 것은 곧 얼굴로, 얼굴은 마음의 창이다. 마음을 바꾸려면, 마음의 창을 바꾸면 된다는 것인데 이건 그리 어렵지 않다. 가장 빠른 길이기도 하다. 누구에게나 공평히 똑같은 복이 내려온다. 미간 사이인 명궁을 통해서 복이 들어와 코를 타고 흘러 입 그릇에 담게 되는데, 누구는 그 복을 받아 얼굴을 바꾸는 사람이 있는 반면 또 누구는 그 복을 다 버리는 일이 있다는 것이다. 선택은 나에게 달려 있다. 웃음으로 그 복의 주인이 내가 되어야 되지 않겠는가? 거울을 보고 연습이 많이 하게 되면 웃고 싶을 때 웃을 수 있다.

생각하는 대로 살지 않으면 사는 대로 생각하게 된다고 한다. "피곤해 죽겠다. 힘들어 죽겠다." 우리가 하는 말은 우리의 뇌를 지배하고 우리의 인생을 결정하게 된다. 힘들고 피곤한가? 그렇다면 스스로에게 "수고했어", "고생했어"라고 말해주라. 피로에 찌들어 있음을 티내려 하지 말고 따뜻한 말로 응원하라. 말 한 마디가 우리의 마음과 인생을 지배한다는 것을 기억하고 '긍정적인 말버릇', '자신감 넘치는 말버릇'을 갖게 된다면, 우리의 인생은 희망과 가능성으로 가득할 것이다.

기억하고 싶은 유머를 적어보세요.

패배의 족쇄를 뽑아라

서커스단의 코끼리 사례이다. 덩치가 엄청나게 큰 놈이 작은 말뚝에 연결된 가느다란 줄에 발목이 묶인 채 아주 얌전하게 서있는 모습을 볼 수가 있었다. 서커스단에서는 코끼리가 아주 어릴 때부터 훈련을 시킨다고 한다. 그들은 어린 코끼리의 발목에 연결고리가 달린 족쇄를 채운 다음, 그 연결고리에 아주 질긴 줄을 연결해서 튼튼한 말뚝에 묶어 놓은 상태로 키운다고 한다. 그러면 어린 코끼리는 족쇄에 묶여 있는 것이 괴로워서 몇 차례씩 몸부림을 쳐보지만 자신의 능력으로는 도저히 벗어날 수 없다는 사실을 뼈저리게 체험하게 된다고 한다. 몇 년 동안 그렇게 해서 키우게 되면 그 코끼리는 어른이 되어서도 말뚝을 뽑겠다는 생각을 전혀 할 수가 없게 된다고 한다. 사실 코끼리는 1톤 정도의 무게는 거뜬히 들어 올릴 수 있는 거대한 힘을 갖고 있지만 이렇게 불가능했던 과거의 기억(환경, 습관, 패배의식 등)에 완전히 묶여 있기 때문에 아예 처음부터 힘을 쓸 수가 없게 되고 만 것이다. 우리 인간도 마찬가지이다. 인간은 과거의 환경이나 조건, 습관이나 타성 등의 기억에서 벗어나지 못하는 경우가 너무나도 많다. 과거에는 할 수 없었지만 지금은 할 수 있는 경우는 무수히 많다. 따라서 우리는 과거의 기억에서 탈출해야 된다. 이제부터는 나의 과거를 지배하고 있는 습관이나 타성의 말뚝을 뽑아 버려야 한다. 나의 발목을 휘감고 있는 과거의 족쇄를 풀어 버리시기 바란다. 그리하면 무한한 가능성이 흘러넘치게 될 것이다. 성공의 문이 열릴 것이다. 서커스단의 코끼리처럼 과거에도 안 됐으니 현재도 안 된다고 생각하지 말고, 남들이 안 된다고 하니까 나도 안 된다고 생각하지 말아야 한다. 여러분은 여러분의 생각과 행동을 제약하는 말뚝을 뽑아 버리고, 족쇄를 풀어 버리고 성공과 승리의 정상을 향해 도전하시기 바란다. 성공과 승리는 도전하는 자의 것이다.

내가 가지고 있는 족쇄는 무엇인가.

11장

꿈과 희망이
있는
우리의 미래

라이트 형제는 무거운 동력 비행기를 최초로 제작하고 비행에 성공했다. 그들처럼 확고한 비전이 있으면 자연스럽게 행동이 따르게 마련이고 꾸준한 노력의 결과로 기대 이상의 성과를 만들게 된다. 나는 비행기처럼 결코 실패를 두려워하지 않고 하늘을 나는 비행기처럼 그동안 많은 꿈들을 상상하고 실천하면서 거듭된 실패 끝에 결과물들을 만들어가고 있다.

라이트 형제는 처음부터 비행기를 만들려고 했던 것은 아니었으나 하늘을 날고 싶다는 꿈이 있었다. 그 꿈을 실현하기 위한 아이디어가 떠오를 때마다 행동으로 옮겼다. 그들은 수십 번, 수백 번, 수천 번의 실패 끝에 기적적으로 하늘을 날 수 있는 동체를 만들었다. 그 동체를 우리는 비행기라고 한다. 라이트 형제가 가졌던 꿈은 비전이고 그 비전도 가지고만 있어봐야 아무런 소용이 없다. 행동으로 옮겨야만 기회도 만들 수 있고 기적도 만들 수 있다. 라이트형제의 삶과 나의 삶을 합쳐서 "비전을 가지고 행동으로 옮기면 기적이 일어난다."의 첫 글자를 따서 비행기라는 책을 출간했었다.

비전은 목적을 달성해 가는 과정에서 우리에게 끊임없이 자극을 주며 무한한 상상력을 제공하기 때문에 '비전'을 가지는 것만큼 중요한 것은 없다. 주위를 보면 많은 사람들이 '비전'과 '목표'를 혼동하는 경우가 많다. '비전 vision'이란, '내다보이는 미래의 상황'이라고 정의되어 있다. 또한 '상상력'이나 '통찰력'으로 번역되기도 한다. '목표'란, 어떤 한 개의 푯대를 향해 줄기차게 나아가는 것이라고 할 수 있다. 흔히 목표는 한번 달성하고 나면 그걸로 끝이 난다고 생각하는데 많은 사람들이 목표만 있고 비전이 없는 경우가 많다. 그러한 경우는 목표가 달성되고 나면 모든 게 끝나버린다. 그러다 보면 더 이상 발전이 없다. 그러나 비전은 미래의 행동을 위한 자신만의 뚜렷한 방향을 제시하고 새로운 목표를 설정하도록 도와주는 역할을 한다.

미래에 대한 준비를 어떻게 하느냐에 따라서 우리의 운명이 달라질 것이다. 변화를 감지하지 못하고 오늘을 어제처럼 변화 없이 살아간다면 미래의 결과는 불을 보듯 뻔한 일이다. 변화에 대응하지 못하면 '끓는 물속의 개구리' 속담처럼 될 것이다. 개구리가 끓는 물에 들어가면 깜짝 놀라 뛰어나오지만, 차가운 물에 들어가 점점 따뜻해지다가 물이 끓게 되면 위험한 줄 모르고 죽게 된다는 것이다. 변화에 반응하지 않고 무관심하게 있다가 큰코다친다는 이야기이다. 미래의 변화는 준비된 사람에게는 기회가 되겠지만 그렇지 못한 사람에게는 위기가 될 것이다. 변화에는 위험과 기회가 함께 도사리고 있다. 기회는 누구에게나 공평하게 주어져 있지만 그 기회를 잡을 수 있는 사람은 준비된 사람뿐이다. 4차 산업혁명을 맞이하려면 창의력과 상상력으로 무장한 아이디어와 철저한 준비가 있어야겠지만 무엇보다 위험을 감수하면서 기회를 만들어가야 한다.

내가 꿈꾸는 비행기를 적어보세요.

희망은 황금보다 빛난다

"한 치 앞을 못 내다본다."는 속담이 있다. 말 그대로 다가오는 앞날을 전혀 예상하지 못하고 눈에 보이는 일에만 정신 팔린 채 허둥대며 살아간다는 뜻이다. 지금 닥쳐 있는 근심과 어려움도 어쩌면 과거에 미래에 다가올 앞날을 큰 틀에서 멀리 보고 판단하지 못했기 때문에 벌어진 일이다. 나름 열심히 산다는 사람들 축에 속해서 누가 봐도 열정 넘치고 누구보다 성실한 삶을 살아왔는데도 과거보다 더 나아진 것이 없다면, 열심히 살기만 했지 요령 없이 살고 있다고 봐야 한다. 5년 전보다 발전이 없는 사람은 모든 일에 상황적·환경적 핑계를 대며, 실패를 합리화하는 사람들이다.

5년 후 내가 어떤 모습으로 살고 있을지 생각을 하며

사는 사람과, 그렇지 못한 사람은 엄청난 차이가 난다. 5년 후를 상상하며 주도적인 삶을 살아보겠다는 마음가짐이 중요하다. 지금부터 5년 동안 오직 나만이 주도하는 삶을 계획하기에 가장 적당한 때는 바로 지금이다. 꼭 이루어야 할 꿈이 있다면, 열정을 태워야 할 일이 있다면, 큰 성과를 내고 싶다면 지금 당장 시작하고, 그 일에 미쳐야 한다.

"나무를 베려거든 도끼부터 갈아야 한다."는 말이 있다. 목표와 목적을 제대로 알고 필요한 도구를 선택하고 그 일에 집중해야 한다.

지금부터 5년 후의 내 모습은 두 가지에 의해 결정된다. 지금 읽고 있는 책과 요즘 시간을 함께 보내는 사람이 누구인가 하는 것이다. 인생의 차원을 바꾼 비전이 있는 책과 창의적이고 진취적인 사고를 가진 성공한 사람들과 함께 지내다 보면 어느덧 그 대열에 합류해 있을 것이다. 희망은 열렬한 소원이나 확신에 찬 기대감이다. 희망이 있기 때문에 그 어떠한 고통도 감수하는 것이 아닐까 생각한다.

플라톤은 "남을 행복하게 힐 수 있는 사람만이 행복을 얻을 수 있다"라고 했다. 행복은 물질에서 오지 않고 마음에서 온다. 그래서 물질을 지키려고 아등바등하거나 탐욕에 눈이 멀어 더 채우려고만 하는 사람은 불행하고 가진 것을 나누고 베푸는 사람은 행복한 것이다. 다시 말해 욕심을 버리고 마음을 비우는 것이 행복의 지름길이다. 자선냄비에 돈을 넣거나 장애우를 돕는 사람의 얼굴을 유심히 살펴보면 달덩이처럼 환한 미소를 발견할 것이다. 반면 남의 궂은일이나 불행을 보고도 외면하는 사람의 얼굴에서는 차디찬 냉기만을 발견하게 될 것이다. 사람의 얼굴은 마음의 거울이기에 행복과 불행을 직접적으로 보여준다. 자기가 가진 것을 나누고 베푸는 선행은 남을 행복하게 만들기도 하지만, 자신이 행복해지는 길이기도 하다. 행복은 또 다른 행복을 낳게 하는 마음의 선물이다.

나에게 칭찬하고 싶은 내용을 모두 적어보세요.

주민자치의 비전과 목표

　주민자치가 지향하는 궁극적인 비전과 목표는 '살기 좋은 마을을 주민들 스스로의 힘으로 만드는 것'이다. 보다 쾌적하고 경제적으로 여유로우며, 마을 주민 간 소외나 불화가 형성되지 않고 모두가 높은 문화적 혜택을 누릴 수 있는 마을을 주민들의 힘으로 직접 만들어가는 것이다. 주민은 권력을 지닌 정치가나 전문가들을 통해 대변을 받는 대상이 아니라, 스스로 자기 문제를 해결하고 이끌어가야 할 주체들이다. 그러나 그동안 다양한 주민참여 방법들은 대부분 소수 전문가나 전문화된 활동가들에 의해 수행되어 왔다. 즉, 전문가가 주민자치 활동을 주도하고, 주민들은 주민자치활동의 대상 또는 수혜자가 되어 왔다.

주민자치의 비전과 목표를 성공적으로 달성하기 위해서는 적극적이고 능동적인 주민참여가 필수적이다. 정부가 지역 문제를 발견하고 주민들에게 이를 제시하고 자문을 구하는 것도 '주민참여'라고 할 수 있으나 엄밀한 의미에서는 '주민자치'에서 요구하는 주민참여라고는 할 수 없다. 주민자치에서 요구하는 주민참여는 지역의 문제를 주민이 스스로 발견하고, 주민 혹은 주민단체가 직접 나서서 주도적으로 해결하거나 행정에 해결을 요구하는 일련의 활동을 말한다. 따라서 주민자치를 성공적으로 이끌기 위해서는 '주민 스스로의 책임하에 지역 발전이나 지역문제 해결을 위한 과제를 스스로 찾아내고 스스로 추진하기 위한 적극적인 참여'가 필수적이라고 할 수 있다. 또한 주민자치의 성공은 결과보다는 과정이 중요시되어야 한다. 수많은 실패를 경험한 후의 결과물이 진정한 성공이라고 볼 수 있다. 당장의 결과에 급급하지 않고 멀리 보고 주민자치의 능력을 꾸준히 키워나간다면 끊임없는 그 노력이 반드시 성공을 가져다줄 것이다.

주민자치 사업의 비전과 목표를 설정하는 데는 시·군·

구와의 적극적인 소통도 중요하며, 성공적인 추진을 위해서는 시·군·구의 지원과 협력이 필수적이다. 또한 해당 지역의 특성을 살린 차별화된 목표가 있어야 한다. 그러기 위해서는 지역사회의 자원과 역량을 조사하고, 주민들과 전문가의 의견을 수렴하여 기초자료로 삼고, 단체장의 의지와 정책방향을 고려하여 결정하여야 한다. 주민자치 사업의 비전과 목표를 효율적으로 달성하기 위한 중·장기 계획을 수립하여야 한다.

우리 지역의 주민자치(위원)회 비전과 목표를
효율적으로 달성하기 위한 중·장기 계획을 적어보세요.

내 손으로 가꾸는 동네로
행복에너지를 전하자

권선복
(도서출판 행복에너지 대표이사)

세상을 살면서 여러 경험을 하지만 궁극적으로 모든 경험은 개인의 삶을 만족시키기 위해서 이루어진다고 보아도 과언이 아닙니다.

많은 경험 속에서 배움을 지속해 나가며 우리는 좀 더 풍요롭고 멋진 삶을 살기 위해 노력합니다. 이것을 좀 더 직접적으로, 실생활에 가깝게 밀착시킬 수 있는 일이 바로 '주민자치'입니다.

한 동네의 구성원으로서 동네가 어떻게 발전하고 가꾸어질 수 있는지 확인하고, 적극적으로 개선에 힘쓰는 것. 그것이 바로 주민자치의 매력이자 꽃입니다.

본서는 그러한 주민자치에 대해서 1부터 10까지 자세하게 다루고 있습니다. 어떻게 하면 주민자치를 통해 효과적으로 주민들의 삶을 개선시킬 수 있는지 한눈에 알 수 있게 정리하여 매우 유익합니다. 성공적인 주민자치를 이루기 위해 가져야 할 마음가짐이나 리더십 등에 대해서도 서술하고 있어 개인적 자기계발서로 보아도 손색이 없습니다.

이 책의 저자 중 한 분이신 강광민 님은 베스트셀러 『비행기』의 작가이자 주민자치 분야에 있어서 전문가로 수많은 강의를 해 오신 실력자이십니다. 본서 곳곳에는 그의 전문성이 빛나는 조언이 수록되어 있습니다. 주민자치의 현주소부터 구성요소, 주체, 제도와 조직까지, 주민자치에 대해서 잘 모르는 문외한이 보더라도 쉽게 이해가 갑니다.

이 책은 주민자치에 '정답은 없다'고 말합니다. 주민자치 위원들이 얼마나 창의성을 발휘하느냐에 따라 주민자치의 질은 천차만별로 갈릴 것입니다. 그렇기에 더욱 도전하고 싶은 것입니다. 또 '비밀 역시 없'습니다. 자치에 있어서 투명성이 확보되어야 함을 역설합니다. 마지막으로 '공짜도 없'습니다. 예산을 잘 활용하여 최선의 결과를 내놓아야 하며 허투루 돈이 새는 일이 없어야 함을 뜻합니다.

우리가 사는 동네의 발전을 위하여 이런 요소들이 꼭 필요합니다. 그럴 때 어떤 시너지 효과가 나서 삶의 질이 크게 달라질지, 기대해도 좋을 것입니다. 무엇보다 주민자치에 참여하는 구성원들의 적극성이 제일 중요하다고 봅니다. 내가 사는 이곳, 또 미래의 내 아이들이 살 이곳을 가꾸는 데 있어서 사명감을 가지고 임한다면 본서가 주창하는 멋진 주민자치가 펼쳐지는 것도 꿈만은 아닙니다.

주민자치! 주민이 직접 자신이 사는 곳에 희망과 꿈을 불어넣을 수 있는 무한한 가능성과 열린 세계를 보장하는 민주주의의 화려한 꽃! 이 꽃을 잘 가꾸어 독자 여러분도 무궁무진한 복지를 이루시길 바랍니다. 본서를 통하여 주민자치에 뛰어들어 적극적으로 삶의 질을 개선하실 수 있다면 더 바랄 나위가 없겠습니다.

차가운 겨울이지만 따뜻한 공동체의 불꽃이 꺼지지 않기를 빌며 기쁜 마음으로 본서를 출간합니다.

모두 행복한 하루하루 되시길 바랍니다. 감사합니다.

인연의 향기

박무성 지음 | 값 13,500원

시집 『인연의 향기』는 5부에 걸쳐서 시인의 심상을 드러내고 있다. 때로는 아름답고 투명하고, 때로는 외롭고 처절한 시어들로 자아낸 간결하면서도 짙은 호소력을 지닌 시들은 구구절절 가슴에 와닿고 행간에 숨겨진 알토란 같은 감성들이 내면을 자극한다. 눈에 보이는 듯한 시각적 심상과 부드러운 어조로 독자의 마음의 빗장을 부드럽게 열어젖히며 군더더기 없이 충실하게 독자의 내면을 두드린다.

선동언론의 거짓과 진실

김흥기 지음, 한상대 감수 | 값 25,000원

이 책은 미국 오이코스 대학교 Vactor Business School의 원장으로 재직 중인 김흥기 저자가 자신의 경험을 기반으로 언론의 왜곡보도, 가짜뉴스에 개인의 명예를 훼손당할 때 어떻게 대처해야 하는지 차근차근 알려주고 있는 책이다. 특히 책은 범람하는 가짜뉴스의 공격에 슬기롭게 대처하는 방법을 알려주는 한편, 이 시대 언론의 사명의식을 예리하게 질타한다.

성공하는 구독경제 원픽

두진문 지음 | 값 17,000원

본서는 우리 생활 속에 깊숙이 들어온 구독서비스의 모델을 세 가지로 나누어 설명하고, 고객과 제조사, 플랫폼 기업 모두가 윈윈(win-win) 할 방법을 모색하며 결과적으로 자동화의 시대에도 고객에 대한 인간의 전문성과 따뜻한 교류가 중요함을 강조한다. 구독경제를 통해 시대의 흐름에 뒤처지지 않고 적극적으로 다가오는 기회를 잡고자 한다면 강력히 추천한다.

원자력발전소와 디자인 이야기

김연정 지음 | 값 20,000원

이 책은 기후 위기라는 전방위적인 도전을 맞이하고 있는 인류의 미래에 새로운 견인이 되어 줄 수 있는 원자력, 그리고 인간의 생활 공간과 환경을 개선하여 삶의 질을 발전시키는 데에 일조하는 공간디자인의 잠재력을 엮어 다양한 인문학적 화두를 이야기한다. 기후 위기와 에너지 대란의 시대에 우리 일상을 지탱하는 에너지에 대해 어떤 자세를 가져야 할지에 대해서 진지하게 생각할 기회를 줄 것이다.

숲에서 길을 묻다

정재홍 지음 | 값 20,000원

산골마을에서 태어나 어릴 때부터 숲의 목소리에 귀 기울이며 살아왔고, 산과 호수의 도시 춘천에 오랫동안 자리를 잡고 살아오면서 초등학교 선생님으로서 순수한 산골마을 어린이들을 지켜봐온 바 있는 정재홍 저자가 들려주는 숲과 인생에 관한 나지막하면서도 따뜻한 수필을 엮은 책이다. 회색빛 도시 속에서 자연의 지혜가 잊혀져 가는 시대, 우리의 삶을 되돌아볼 수 있는 좋은 기회를 제공하는 책이 될 것이다.

'행복에너지'의 해피 대한민국 프로젝트!

〈모교 책 보내기 운동〉

대한민국의 뿌리, 대한민국의 미래 **청소년·청년**들에게 **책**을 보내주세요.

많은 학교의 도서관이 가난해지고 있습니다. 그만큼 많은 학생들의 마음 또한 가난해지고 있습니다. 학교 도서관에는 색이 바래고 찢어진 책들이 나뒹굽니다. 더럽고 먼지만 앉은 책을 과연 누가 읽고 싶어 할까요?
게임과 스마트폰에 중독된 초·중고생들. 입시의 문턱 앞에서 문제집에만 매달리는 고등학생들. 험난한 취업 준비에 책 읽을 시간조차 없는 대학생들. 아무런 꿈도 없이 정해진 길을 따라서만 가는 젊은이들이 과연 대한민국을 이끌 수 있을까요?

한 권의 책은 한 사람의 인생을 바꾸는 힘을 가지고 있습니다. 한 사람의 인생이 바뀌면 한 나라의 국운이 바뀝니다. **저희 행복에너지에서는 베스트셀러와 각종 기관에서 우수도서로 선정된 도서를 중심으로 〈모교 책 보내기 운동〉을 펼치고 있습니다.** 대한민국의 미래, 젊은이들에게 좋은 책을 보내주십시오. 독자 여러분의 자랑스러운 모교에 보내진 한 권의 책은 더 크게 성장할 대한민국의 발판이 될 것입니다.

도서출판 행복에너지를 성원해주시는 독자 여러분의 많은 관심과 참여 부탁드리겠습니다.

도서출판 **행복에너지** 임직원 일동